世界上也没有两个一模一样的人，也没有标准的人，

你们每个人都是独特的、唯一的，都是宝贵的。

因此，每个人只要做好自己就行了。

人的成长本身就是一个不断丧失的过程，

当然，我们也在不断收获，

这是一个相辅相成的过程。

你不能只看到事物的一方面而忽略了事物的另外一方面。

人总是要长大的，长大了的人也依然可以坦诚而明朗，

只是那不是简单的幼稚，而是一种经过选择之后的清澈。

　　伊甸园里是很单纯，除了苹果树就是一条会说话的蛇，

　　　现实生活要比这个复杂多了。

自卑本身并不是耻辱，

但如果久久地挣扎在自卑当中不能自拔，

带来了压力，

这就成了一个问题。

很多时候，

好东西是强求不来的。

它总在无意之中降临。

外表的美丽固然可贵，但更可贵的是心灵的晶莹。

外表的美丽会在时间的磨损之下渐渐残缺和暗淡，

但心灵的美丽会在岁月淘洗之后，熠熠生辉。

细心就是我们掌握了事物运行的规律，

并认真观察和思考，

因为事物是在不断地变化的，

只有努力深入其中，掌握它的规则，

才有可能立于不败之地。

习惯仿佛一根缆绳，

只要我们每天给它缠上新的一股，

要不了多长时间，它就会变得无比坚固。

你可知自己是谁

毕淑敏 著

湖南文艺出版社

博集天卷

目 录

你可知自己是谁

6 写给
你最好的
朋友的
一封信

7 一张试卷、
反其道
穿衣脱鞋、
老鼠爱大米

你可知自己是谁

亲爱的同学们，你们好！

我写过一本《心灵七游戏》的小册子，本意是给成人看的，没想到很多少年朋友也都读了，还寄来了无数封热情洋溢的信。信太多了，有些我都来不及拆，至今还完整地堆放在书房的地板上。有的同学可能要说，你还没有拆开，怎么知道里面有很多少年的来信呢？因为我会猜啊！少年们的来信，那信封会特别有趣，上面的邮票会贴成反的。我第一次看到反贴的邮票，以为是寄信人粗心贴错了，后来被一位小同学指点，才知道那是邮票在"说话"，说的是"我爱你"和"我很重要"。少年的来信，信纸会特别讲究，我说的这个讲究，不是昂贵和奢华，而是信纸上多半会有有特点的图案，那些图案又往往潜藏着特别的期待和寓意。甚至连信纸的叠法，也是五花八门、异彩纷呈，让我疑心每个人都是折纸高手。说实话，不能拆阅来信并及时回信，让我心中十分内疚。我总想等一个月朗风清的晚上，在明亮的灯光下，盘腿而坐，虔诚地细细展读那一颗颗坦诚而真挚的心。

在我已经读过的那些信里，少年们提出了很多问题和困惑。他们因看了我的《心灵七游戏》而找我来探讨他们遭遇到的问题。我有一些不安，因为那本书毕竟是写给成人看的，虽说没有什么"少儿不宜"的地方，但那就像是一盘给大人准备的菜肴，口味和营养是否同时适宜未成年人，我没有把握，心中很忐忑。我很想找一个机会，给同学们写一封长长的回信，以回报这份信任、谈谈我的看法。

游戏是动物的本能，所有的动物都做游戏，最威严的动物也有游戏的时间。小猫戏弄老猫的尾巴是为了锻炼出自己将来捕捉老鼠时所需的灵巧，幼狮的翻滚是在锻炼自己以后咬死猎物的能力。人也一样，在游戏中，发展对于这个世界和对于自己的认识。

我看了心理学的有关书籍，也参考了其他方面的著作，再加上自己的琢磨，这本书渐渐成形。我不知道同学们是否会喜欢这些游戏。玩过游戏之后，你们的心是否能像海水退潮后的沙滩，留下贝壳和海带。前者是大海的勋章，后者含碘，吃到你的肚子里，会带来丰富的营养。很多同学先我们一步，做过这些游戏了，他们的反馈十分积极正面。我要向曾经参与这些游戏的老师和同学们，表达最诚挚的谢意！

对年轻的心灵来说，了解世界，是非常重要的任务；了解自己的内心，同样也是非常重要的任务。作为一个学生，你需要学习很多知识，但最重要的知识，是对自己的把握。

我希望这些游戏能帮你一个小忙。朋友，你准备好了吗？如果答案是肯定的，那咱们这就开始做游戏啦！

毕淑敏

2005 年 6 月 16 日

鸣谢参与游戏的尊敬的教师及他们可爱的学生！

（教师：许冰　邬玫　谷晓翠　庞海容　严樱伟　张建宁姚明霞　王艳冬　彭丽云　熊伶俐）

1 "可怕"的
游戏

第一个游戏，是个"可怕"的游戏

同学，你可能要问，是要在半夜里做吗？是要在坟地里做吗？是要戴上妖魔鬼怪的面具来做吗？是会鲜血淋漓、电闪雷鸣吗？

…………

对不起，没有这么惊心动魄，"可怕"这个词不是我说的，而是一位做过这个游戏的同学说的。他为什么要这么说呢？待你看到后面就会明白了，这里让我先保守一下秘密。

游戏所需要的"设备"很简单。原谅我用了"设备"这样一个词，好像有点故弄玄虚、虚张声势。概因以后的游戏所需的辅助道具会稍微复杂一些，我就统称为"设备"了。

言归正传。本游戏的第一项设备——一张白纸。

第二项设备——一支红色的铅笔。红色的钢笔、圆珠笔也可以，总之笔的类型不限，只要是红色的就行。也许你要说，没有红色的，我用其他颜色的笔来代替行不行啊？我要很抱歉地对你说，对不起，不行啊，拜托了，一定要红色的。

第三项设备最简单了，是一支黑颜色的铅笔。这次你要是说，我能不能用其他颜色的笔来代替啊？我就可以宽宏大量地说——可以。用蓝色、咖啡色都行，只是不可用黄色、绿色等鲜艳的颜色。

你可能要说，怎么这么复杂啊？我只要用笔写字就行了，干吗对颜色限制得那么死啊？我可以理解你的疑惑，但还是要坚持这个对设备的要求。请你谅解。

现在我们已经把这个游戏的硬件部分准备好了，马上就可以来做这个游戏了。你可能要问，马上要来做游戏了，可这个游戏的名字我还不知道呢！这不是我粗心，而是我故意把名字隐瞒到现在。因为我把这个游戏的名字告诉了你，也就等于把这个游戏的奥秘告诉了你。

游戏的名字就叫作"写下你最害怕的十件事"。

对了，我还没有交代对参与人数的要求，因为这个游戏在人数方面有很大的伸缩性，一个人不嫌少，一百个人也不嫌多。但超过一百个人就有点尾大不掉之虞，所有咱们就以一百个人为本游戏的参与者上限。

在做游戏之前，我还要提出一个小小的要求，不但适用于本游戏，还适用于以后的所有游戏。那就是当你明了游戏的规则进入游戏之后，在写答案时不要深思熟虑、百转千回，而是想到什么就写下什么，抓住自己的第一感觉、第一印象写下就是了。心理游戏，顾名思义，它本身就是一种有趣的游戏，并不负载着更多道义和真理，像舞台上一道瞬息闪过的追光，通过玩游戏，你能借此挑开内心的幕布，发现那里的潜藏之物，那东西是蛛网还是宝藏，就要看你的运气了。如果你只是莞尔一笑，觉得游戏就是游戏，并无深意，也很正常。无论多么有价值、有意义的体系，如果不进入一个人的思维层面，都是华而不实的装饰。

有一位同学不喜欢一切考试，不喜欢一切答题。不论是选择题还是问答题，不论是填空题还是正误判断题……他对我说，即使珠穆朗玛峰没有了棱角，即使密西西比河不再涌流，即使时间重新回到混沌时，即使宇宙万物化为乌有，他都不愿参加高考。

我要郑重声明，心理游戏不是考试，更不像高考那样，一发千钧。你不必用参加高考的心态进入游戏。如果瞻前顾后、斟酌再三，把它当成正式答卷，如临大敌，你就丧失了一窥内心秘密的大好时机。到那时，遭受损失的不是我，而是你自己啊！

还有一个小小的温馨提示，就是一定要用黑笔写你害怕的事物。也许有的同学说，如果我用红笔写，如何？我能理解你想要别出心裁的心情，但还是应按照统一的要求来做。一会儿有用得着红笔的地方。

好，写完了吗？你写的究竟是什么，我看不到，你自己是可以看到的。看了之后，你有什么感想？

先把你的感想存储起来，进行第二个步骤。把你刚才写满了最害怕的事情的这张纸反过来，在背面用红笔写上你最喜欢的十件事情。注意，这一次，请一定用红笔啊。

好了，你现在的任务就是细细地端详你刚刚写下的这张纸。要知道，这张纸就像一匹矫健的小马，一边一个箩筐，驮着你最喜爱和最害怕的货物，沿着崎岖的小路翻山越岭。你是驭手，也是货物的主人。这些货物的不同，造就了与众不同的你。它们在你心中的分量，决定了你前进的速度和节奏。

如果你是在一个悠闲的傍晚或是静寂的深夜独自玩这个游戏，那我们就暂时留下你和你写满了红与黑字迹的纸，让你再静思一会儿，让其他人先到热闹的场合溜达一趟。

这个游戏要是在班会上或是人多的场合进行，大家伙儿齐心合力来做，就更有趣一些。其他步骤同前，当大家都写完之后，增加一个环节，请每个人都把自己的那张白纸妥帖地折起来。注意啊，不要折得太艺术化或是鹤立鸡群，那样别人一眼就会识别出是你折的，于你不利。要大众化一点，让你的纸条一副在芸芸众生中不苟言笑的样子最好。把纸条混在一起，大家围着纸条坐成一个圆圈。也许有的人要说，不坐成圆圈而是围成长条形或是正方形好不好啊？你要是问我，我就说不好。只有围成一个圆圈，我们才可以清楚地看见每一个人的脸。

让我们想象一下眼前的情景。同学们围成了一个大大的圆圈，一张张年轻的脸上带着几分兴奋、几分期待，还有几分好奇。在圆圈的中心，有一张桌子，桌子上有一堆白色的雪花。雪花之上印着玫瑰的花瓣，还印有苍蝇的翅膀——那都是调皮的同学灵机一动画上去的。

现在请出一位同学做我们的特使，用一个纸盒子把桌上的雪花收拢起来，然后就要辛苦一下这位同学，端着盒子绕着我们这个大圈子走。当纸盒子经过你身边的时候，你就伸手从纸盒子里掏出一片雪花，然后轻轻展开。

当然了，这不是普通的雪花，它来自此刻和你一道参与这个游戏的某一位同学的天空。红色的字迹是他或她的最爱，黑色的字迹是他或她的最厌。

下一个步骤是：问一问，谁愿意把自己手中的纸条念出来。

估计同学们会很踊跃地大声念出别人心中最喜欢和最害怕的十样东西。你想啊，念出自己的所思所欲，恐有几分腼腆和畏缩，念别人的，那怕什么！

承蒙同学们的信任，我已经收到了若干同学的答案，在这里与大家分享。（已经征得了他们的同意。不算侵犯隐私哦！）我们来分析第一份答案。

最害怕的十件事

1. 脸上生酒米

（你知道酒米是一种什么米吗？不是大米、小米或糯米，而是脸上生出的小痘痘，大名叫作青春痘。）

酒米这个词，真是绘声绘色、很形象啊！看来这位同学很重视自己的仪表，这是人之常情，毕老师深表理解。但将其列为最害怕的事件之首选，我可略有微词。好在后面有一些针对相貌的话题，来日方长，咱们以后再说。

2. 失去童真

毕老师不大明白，你是不愿意长大，还是渴望人虽年华渐增，心地却依然像儿童一样纯洁无邪？也就是说始终保有一颗赤子之心？我小的时候，为了这个"赤子之心"的词，曾经请教过一位长者，她言之凿凿地说，"赤子之心"就是不穿衣服的小孩子的心肠……从此以后，我对这个词就有点敬而远之了。人总是要长大的，长大了的人也依然可以坦诚而明朗，只是那不是简单的幼稚，而是一种经过选择之后的清澈。伊甸园里是很单纯，除了苹果树就是一条会说话的蛇，现实生活要比这个复杂多了。

3. 背上有红斑点的蜘蛛

毕老师眉头紧皱，有点犯傻。她孤陋寡闻，没有看到过背上有红斑点的蜘蛛，想找一本昆虫类的大词典查一查，书架上也没有，只好凭空想象。在毕老师的印象中，蜘蛛总是穿着一件黑色或是灰褐色的紧身夹克，好像不曾遇到彩衣蜘蛛。毕老师不怕蜘蛛，所以一想到有红斑点的蜘蛛，甚至觉得它很美丽呢！写到这里，毕老师深感惭愧，要向这位同学道声对不起。因为每个人的内心世界是不一样的，害怕红斑点蜘蛛是该同学的真切感受，我们都须尊重。

4. 背得好好的书，突然想不起来了

毕老师也曾经有过多次这样的经验，越到关键的时刻，脑子里越是一片空白——北京话俗称掉链子。真是很可怕啊！有一些针对紧张的小方法可以一试，比如深呼吸。毕老师还有一个小诀窍，就是穿一件很宽松的衣服，让自己处于轻裘缓带的放松状态。管不管用，也不敢打包票。

5. 战争（不是本国的要好一些，最怕是本国的）

毕老师当过边防军，受到的教育是：对战争的态度第一是反对，第二是不怕。但老百姓害怕战争，很正常。

6. 知道了自己的死期

这是一个充满了哲学意味的问题，毕老师觉得你很深刻啊，怕得有理。这个问题可不是三言两语就能说得清的，也许要讨论一辈子呢。先赠送你一句名人名言："死亡是生命的唤起之铃。它唤起了我们对于生命的自觉，知道有一个大限在等待着我们，你就会更加珍惜手里的每一分钟。"你要是问我这是谁说的，毕老师很惭愧，记在本子上的时候，没有注明出处。毕老师总顽固地认为，一句话只要说得好就可以了，不在乎是谁说的，所以就常常忘了作者。

7. 没有人同我玩

你是有过这样的痛苦经历呢，还是这仅仅是一种对未来的想象？先要知会（我喜欢知会这个词，其实就是"告诉你"的意思，却有外交照会般的正式感）你的是，这不是你一个人的恐惧，你并不孤独。我们都是从远古走来的，那时候形成的很多潜意识，还像蛰伏的恐龙一般栖息在我们心灵的白垩纪。远古人的生存条件极为恶劣，人们只有群居，靠集体的力量才能抵御大自然的危险，赢得活下去的基本养料。如果你被集体抛弃，那你是无法独立生存下去的。这样，你就不能引起伙伴们的反感和愤怒，这是非常必要的。我们的潜意识里都保存着从那时就遗留下来的、最深层的从众感和对被抛弃的恐惧感。因为一旦人们决定把某人踢出集体，等待他的就是死亡。

无数个世纪过去了，虽然现在离开了群体，我们依然可以生活下去，但那种恐惧感有时依然会大到使我们无法自信地发声，不敢表示自己的不同意见，也不敢展现出特殊的才能，怕引起人们的反感，招致悲惨的命运。在有些人那里，甚至表现为不敢公开发言，畏惧公众场合，迟到了不敢走进教室，网购不敢退货……

我不知道上面这段话对这位同学有没有一点帮助。它是一个理论，也许不如具体的办法那么实用，不过知道了害怕孤独并不是你的过错，是不是也有助于减轻你的恐惧呢？

8. 下雨打雷，声音非常大的那种

这种恐惧源远流长，而且也是很多人都有的恐惧。神话中，雷公电母的脾气都很大。回家抽空问问父母、爷爷奶奶还有外公外婆，请他们回忆一下，是不是你小时候不够听话，他们曾经用这种自然现象吓唬过你。再去查查百科全书，把这种气候现象的机理搞个清楚，找到源头，对症下药，也许你就不会很害怕了。

9. 近视越来越重了

毕老师双手托腮深叹一口气。这真是一件令人忧虑的事情。说句实在话，人眼的构造其实并不适宜长时间、近距离地分辨书本上的字迹，而是更适合在广阔的旷野和密密的森林中注视绿色的、移动的物体。可是人类发展到了今天，孩子们在该奔跑的年龄就开始读书，所以我们才有了那么多种眼镜。面对现实，你只能赶紧加倍爱护视力，做眼睛保健操，多补充维生素，期待着近视的度数稳定下来。如果实在每况愈下，就要和医生好好商量一下治疗方案了。我是医生出身，对医学的发展还是抱有乐观心态的。科技在不断进步，会有办法的，别太紧张！当然，别忘了在有机会、有条件的情况下，到野外看看绿色！

10. 老师说"请你的家长来一下"

这种时刻，真是很值得害怕，而且是大怕特怕。面对这种情况毕老师也是一筹莫展啊。唯一能对自己说的话就是"直面惨淡的人生"。兵来将挡，水来土掩。第一，你要如实把老师的口信带到，隐瞒和躲藏绝不是好的处理方法。第二就是和父母坦诚相见，就老师和家长的会谈一事详细地交流看法。第三就是争取局面的彻底扭转，以至下次老师再说这种话的时候，你不再害怕，因为老师是向家长报告一个好消息呀！

看完了这位同学的答案，我猜她是一位清秀、敏感、聪慧的女生。她热爱自己的朋友，害怕孤独，但是有时又喜欢托着腮帮子静静地思考。她戴着厚厚的眼镜，脸蛋上偶尔会长出几颗青春痘，那时她会不由自主地有点自卑。她还有一点点胆小，打雷的时候会在耳朵眼里塞上棉花吗？……

好了，暂且猜测到这里吧，也许这位女生看到此处，会捂着好看的小嘴微微窃笑，说您猜得一点也不对。毕老师犯了自以为是的错误。

让我们再来看看另一位同学写下的最害怕的十件事。

1. 明明写完了作业，却发现忘了带到学校

这种事情我也遇到过，真是很吓人，吓死人！最主要的是

生自己的气，为什么这样粗心大意？害怕之后是制订出相应的措施，亡羊补牢，写完作业之后，马上把作业本放入书包再去睡觉或玩耍，再忙也不能忽略了这个收尾的步骤。再不能让悲剧重演啊！

2. 考试中突然内急

实在内急，就赶快举手示意考官，快步跑出考场，用最快的速度解决这个问题之后，回来继续战斗。千万不要忍着，那种不适感会让你分心，比你耽搁的几分钟更影响你的情绪和状态。记住啊，下次考试之前，一定要少喝水。宁可暂时把自己变成撒哈拉沙漠。

3. 在女生面前尴尬

为什么特别提出在女生面前？在男人面前尴尬不是也一样令人难堪吗？我猜这是一位男生写的，正是青春萌动、十分敏感的年纪，希望在异性面前留下好印象，很可以理解。尴尬其实是人生经常遭遇到的一种状态，它有个小小的规律：你越是害怕它，它就越张牙舞爪，让你不知所措。如果你坦然处之，心想人无完人，谁都有出糗的时刻，它也就泄了气，与你渐行渐远了。

4. 叫错了别人的名字

这一怕和上一怕，本质上是一样的。相信叫错别人名字的经历，每个人都有过。你不必把它看得过于严重。赶快道个歉是最好的化解之术，如果你能恰当地调侃自己一番，对方也许还会觉得你很幽默呢。

5. 遇到爱唠叨的人，而这个人又是你的妈妈

这是一个令人苦恼的问题。我们后面还有专门探讨与父母的关系这一问题的时间，让我们先把爱唠叨的妈妈"雪藏"起来。

6. 被困于陌生狭小的世界

毕老师多少有点疑惑，这个狭小的世界，是一间密室还是一座孤岛？只有几个人陪你抑或只有你孤身一人？你到底是怕孤独还是怕狭小？害怕孤独是很正常的，大家彼此彼此。害怕狭小，就要靠你自己打开新的天地了。狭小常常导致孤独，孤独又常常导致寂寞。告诉你一句爱因斯坦的话，他说："我总是活在寂寞当中。这种寂寞在年轻时代让我感到痛苦，在成年后却让我觉得其乐无穷。"这样看来，你的这一怕，也许有希望随着年龄的增长，渐渐淡薄。

7. 吃饭噎着不停地打嗝，周围的人都在看你

我的经验是赶快喝一口水，如果不见成效，就再喝一口，还不行，就连续喝三大口。不要紧张，打嗝这件事，越紧张越容易雪上加霜。周围的人看你，你就对他们说，治疗打嗝有一个好方法，就是哪位同学冷不防地吓我一跳。谁愿意伸出援手？我回报你的方式，就是下次你打嗝的时候，不用你开口，我就吓你个失魂落魄！

8. 夏天太热了

和你深有同感啊！最简单的法子是买一把大扇子。最长远的措施是搬到北极去。比较折中的方案是忍耐。这有点暗合咱们老祖宗的古训："天将降大任于是人也，必先苦其心志，劳其筋骨，饿其体肤……"还有一个很可疑的方法，叫作"心静自然凉"，我试过，基本上不灵。

9. 被逼着做没有节奏感的事情，比如散步

你这么喜欢节奏啊？普通的散步的确是没节奏的事情，你可以练习用一种有节奏的步伐散步，只不过名称可能要改叫正步、猫步或是舞蹈了。我注意到了一个词"被逼着"，觉得这才是问题的关键。谁在逼你？你可以反抗吗？口头的或是书面的都可以，口气可以和缓，立场可要鲜明啊。

10. 宿舍里的人不洗脚，有脚臭

委婉而非公开地向他说出来。如果他还不改，就尝试着换一间宿舍，或是买一个口罩，睡觉的时候戴上，好像在预防一场局部的 SARS。

关于这份答案的主人公的情形，我就不做过多的揣测了，因为这是一件不讨巧的事情，毕老师才疏学浅、老眼昏花，实感力不从心，并决定以后"金盆洗手"了。我仅断定他是一位男生，谢谢他的坦诚和信任。

面前厚厚的信笺，都是同学们写来的最害怕的事物的清单。我读的时候，常常会不由自主地笑出声来。听我这么一说，也许有同学会生起闷气，说毕老师你怎么这么没有同情心啊，把自己的快乐建立在他人的痛苦之上？毕老师听了这话马上就不敢笑了，申辩自己是因为这些同学的坦率和真挚，还有同学们害怕之物的匪夷所思而莞尔一笑，并无不敬在内。好了，说了这么多，一定有同学等急了，很想知道别人怕的是什么。我这就向大家汇报一些别人最害怕的事情。

最害怕的事物

1. 害怕过于沉迷于某件事情，比如上网

这个害怕，实在是怕得很有道理。我们不能让某种嗜好主宰我们所有的时间并侵蚀我们的意志。上网本是一件有趣的事，但不管是多有趣的事，让人沉迷其中不能自拔就成了坏事。请记住，现实比任何宽带都宽。

2. 害怕口不择言，伤害了别人自己还不知道

毕老师很感动于在这一怕背后折射出的善良。是啊，我们不愿伤害别人，更不愿伤害了别人自己还不知道，连道歉和弥补的机会也湮灭在黑暗之中了。这位同学总结得也很好，口不择言的箭镞，常常会在不经意间洞穿他人的心房。医治的方法是，在嘴巴上贴一张思考的创可贴。

3. 自己的丑事被人知道并且传开

毕老师有点不清楚"丑事"究竟是什么东西，究竟有多丑，是指一个人的缺点、错误还是偶尔的失误。如果是这样的话，其实不必太害怕。人都有缺点和错误，在某种程度上说，正是我们这些不够完美的人，才构成了丰富多彩的世界。做一个不完美的人是需要勇气的。这个害怕还有第二个要点，就是"传开"。传就传吧，既来之，则安之。我的态度是，第一不怕"丑事"，第二不怕传开。传开了，也泰然处之。

4. 被老爸老妈经济封锁

不瞒你说啊，毕老师在某种程度上同情你的老爸老妈，因为毕老师也是某人的老妈，虽然从来没有用过经济封锁这一招，但还是想过的。毕老师一厢情愿地认为你的老爸老妈还是爱你的，他们不给你零花钱，自有他们的理由。我觉得你们可以好

好谈一谈，请他们把这么做的理由摆到桌面上来，要进行一个有关经济问题的谈判。请你充分考虑到这一工作的艰巨性，并做好充分的准备。要在谈判中取胜，是要有理有据的。比如你的基本需要到底是多少？有无压缩和节约的空间？你还有哪些必不可少的开支，理由何在？毕老师提醒你一句，还是要坚持勤俭的原则，要体谅父母的难处，毕竟你现在还不能自给自足，花的每一分钱都是父母的血汗钱。对他们要满怀感激之情，要学会做一个不奢华、不浪费的少年。

5. 在公共汽车上被人误会是自己放屁

放屁也是正常的生理现象，那是肠腔里有一些不安分的气体，以一种响亮的方式逃逸出来了。不论是自己还是他人在公共场合出现了这种现象，就假装没听见、没闻见、没感觉到好了。也不必在这种时候特意地洗清自己。以平常心对待这件平常事就是了。

我听到过一个小故事。一天晚上在剧场看戏的时候，前排的一位姑娘放了一个屁，可能她吃多了豆子，这个屁真是有点惊天动地，且含硫化氢的比例相当高。一时间几乎半个剧场为之侧目，无数道目光向这个方向聚焦过来。姑娘羞愧得无地自容，她旁边的一个小伙子看到了，忙起身作揖对大家说，对不起，不好意思啊……人们一看有人站起来认领了这个响屁，也就一笑了之了。后来，这位姑娘特地找到了这个小伙子，说，明明不是你，你为什么要冒领呢？小伙子说，我看你很尴尬，大家又很好奇，东张西望地想找出肇事者，与其这样相互怀疑影响大家看戏，不如我就认了吧，也没有什么了不起的。后来姑娘有感于小伙子的通情达理和善良，反倒和他成就了一段好姻缘。他们打趣地说，屁成了他们的媒人。

6. 一个人夜晚走在又黑又僻静的小道上

这真是一件可怕的事情，尤其是对女生来说。我的意见是预防为主，不要一个人走，如果一定要一个人走，就尽量不要在夜里走。如果一定要一个人在夜里走，就不要走在又黑又僻静的小道上……如果这些危险的因素全都无法避免，那就带一个像《泰坦尼克号》电影里的落水者使用的那种哨子吧，遇到危险了，就把哨子吹响。当然，学一些防身术也是很好的预防措施。

7. 考试的路上自行车爆胎了

毕老师想了半天，觉得唯有多做几手准备为好。比如说带上零花钱，没地方没时间补车胎，就赶快坐公共汽车走。也可以打车或是跑步往学校赶。当然了，有一个前提就是你的时间要预留得充分一些。

8. 陌生男人上前搭讪

坚决抵制他。不接受他的搭讪，如果他纠缠，就言辞告诫，语气要严肃一些。千万不要畏畏缩缩，让他以为有可乘之机。教你一个绝招，打 110 报警。

9. 遭遇十分恐怖的灵异怪事

毕老师看到这一条时，颇感好奇。灵异怪事，是什么样的事情呢？十分恐怖，又让人毛骨悚然到什么程度呢？也许毕老师因是学医出身，既不相信灵异也不畏惧恐怖之事，所以得天独厚地胆子较大。（这个说法不够确切，毕老师因为胆囊有病，做了胆囊摘除手术，谈不到胆大胆小，如今是无胆之人了。）

10. 不被自己喜欢的人喜欢

喜欢一个人，不是罪过。但你不能要求你喜欢的人必然喜欢你，这也是喜欢的定律之一。真正的喜欢，也许正是在不求回报、无怨无悔之中升华和灿烂。

11. 逛街时遇到人向我吹口哨

走自己的路，让他吹去吧。他吹到口干舌燥之时，只得罢吹。即使你心里害怕，也要心无旁骛地一直向前走。如果他敢公然纠缠，请参照上述第八怕中的最后一招——拨打 110。

12. 养了多年的小动物突然死掉了

毕老师深深地理解你的恐惧。毕老师也有这个恐惧，因为害怕这个，我不敢养小动物，因为分离是那样痛苦。基本上所有的小动物的生存年限都比人类要短（乌龟、锦鲤、部分鹦鹉等除外），所以你就是再精心喂养，也有分手的那一天。

13. 白色的衣服被血迹弄脏

市面上有一些专门去除血渍的洗涤用品，毕老师试过，效果还不错。只是不能让血液干涸得太久，那样就是再优质的洗涤剂，也会束手无策。毕老师猜这是一位女生写的。是不是指特殊的日子里的不便啊？我有一个小建议，在那些日子里，不要穿白色的衣物，穿黑色或是咖啡色的比较安全。

14. 老是犯同一个错误

为什么会这样呢？你要好好找找原因。既然是同样的错误，必然有一些共性可寻。不要太快、太轻易地原谅自己，找种种借口为自己开脱。针对错误制订出切实可行的纠正方案，然后不急不躁、按部就班地改正。不要操之过急，有了一点进步，就不失时机地给自己一些鼓励和奖励，这样，你改正错误时就会更加积极了。

15. 失去现有的美好的一切

该同学提到了心理学中一个非常重要的概念，就是"丧失"。其实，人的成长本身就是一个不断丧失的过程，当然，我们也在不断收获，这是一个相辅相成的过程。你不能只看到事物的一方面而忽略了事物的另外一方面。

16. 忘记了答应过别人的事情

失信是值得害怕的事情。如果是偶尔一次，诚恳地道歉并及时纠正就是了。如果常常发生，就要仔细找找原因，是什么让你说话不算话？你是否答应得太随意？你是否因为喜欢讨好别人而有求必应，实际上做起这件事来却力不从心？如果你说以上诸项都不是，只是因为自己的记性不好，那就备下一个小本子，把自己答应下来的事情记下来，才能做一个言必信、行必果的君子。

17. 在篮球比赛中受伤

毕老师以前也打过篮球，也受过伤，好在不很重，过了一段时间就恢复了。严格讲起来，爱好打篮球经常上场而一次伤也不曾受过，好像也不大可能。但是不要受太重的伤，那样就有点得不偿失了。本来运动是为了锻炼身体，结果你把自己给锻炼到病床上去了，南辕北辙啊。至于打篮球时如何保护自己，听教练的吧。

18. 等人，人总也不来

如果是我，我会走。我不愿意无限期地等下去，我会为自己规定一个期限，而这个期限绝不会是一万年。而且我会把自己的这种苦不堪言的感受，告诉那个被等待的人，希望以后尽量杜绝此等事件。如果他或她嘻嘻哈哈不当回事，我就不会再等他或她，无论是上学还是约会。

19. 家人未经我的允许，偷看、偷翻我的东西。问他们，反倒说这就是爱

毕老师对那些以爱的名义施行的令人气恼的举动，表示唾弃。爱是一种美好的感受，无论是施与还是领受的一方，都应该如沐春风。如果只是一方觉得惬意，那就是一厢情愿的另外一种表现。爱是需要艺术地表达的，不是简单的管制或监视。在爱的旗帜之下，有时有很多私货藏匿其中。真正的爱，是无私而博大的。希望我们的父母能够领略到这一点，爱是需要学习和交流的。

20. 吃青椒、啃萝卜、被狗追……

不爱吃青椒不是罪过，不必那样跟自己较劲，不吃就是了。如果谁一定要逼着你吃，你就告诉他，这件事已经被你列入了最可怕的十件事之一，请他手下留情，放你一马。啃萝卜一事

也可照此办理。但写到这里，毕老师想问，你是不是有点偏食啊？青椒和萝卜都不是太古怪的食物，和榴梿、臭豆腐等还是有所区别的，你却都怕之入骨，可能还得努力让食谱更丰富一些。毕老师记得一位营养学家讲过，人应该是杂食动物，每天摄入食物的种类，最好在18种以上。那天刚好吃完晚饭，我就拿起一支笔，在白纸上一一列出自己从早到晚所吃的食物。说来惭愧，苦思冥想一阵，纸上只留下了大米、白面、白菜、豆腐等屈指可数的几样，看它们孤孤单单太寂寥了，我就把烧菜炝锅时用的花椒、葱花都算了进去，还是只有10种。从那以后，我就有意拓宽自己的食谱，把以前不爱吃的一些东西，比如胡萝卜、茴香之类的也加了进去，渐渐变得不那么挑剔了。当然，我不了解你的具体情况，不知道你是不是对青椒或萝卜过敏，如果是那样，你就咬紧牙关坚决不吃。说明情况，想来别人也不再逼你，你也不必噤若寒蝉了。

　　…………

　　关于害怕的事物，还可以举出五花八门成千上万种。你是不是觉得人们害怕的事物存在很多共性？你在这里找到知音了吗？可惜时间和篇幅不允许，不然我们一一列下去，你还会看到更多让朋友们害怕的东西。

　　我这里有一份南方某学校的同学做的答案统计，你愿不愿意了解一下？我猜一定是愿意的。我们都有了解别人的愿望，也许知道了别人是怎样想的，我们才能更深刻地了解自己。

关于最害怕的事的报告

（1）69.9％的人害怕杀人、被杀、不能呼吸、老、病、死……

（2）60％的人害怕被当街抢劫。

（3）1％的人害怕坐飞机。

（4）0.1％的人害怕班主任。

（5）还有一个人最害怕做这个游戏。这就是我在本章的开头把这个游戏称为"可怕的游戏"的原因。

最喜欢的十件事

　　说了许多害怕的东西，你是不是觉得有点压抑？现在，让咱们"改换门庭"，来说一点高兴的事情吧。换换心情，看看红笔写下的都是些什么。

　　先来看一张完整的卷子。

我最喜欢的十件事

1. 晒太阳（在春天的下午）

毕老师心中大悦，可算碰到知音了。毕老师年轻的时候在海拔 5000 多米、气候严寒的藏北高原当兵，特别爱晒太阳，并不局限在春天的下午，因为那个地方是没有春天的。只要太阳一出来，年轻的毕老师就像向日葵似的，踊跃地面向太阳站着。

2. 吃零食（雪山梅，要好牌子）

吃是人类最基本的生存需要。看来这位同学的温饱是已经解决了，因为他或她说的不是主食，而是零食。关于好牌子的雪山梅，毕老师是一点发言权也没有，因为人上了年纪，就不敢吃太酸的东西了。至于好牌子，是不是指要有质量保证啊？那就很明智，因为食品卫生实在是非常重要的事情。雪山梅，顾名思义，是浑身沾满白色糖霜的梅子吧？没有红色的雪山，所以也不必担心苏丹红的污染。

3. 打羽毛球（对手不要太厉害）

毕老师不会打羽毛球，所以体会不到打羽毛球带给你的快乐，但我可以想象出那种感觉，运动会让我们的体内分泌出一种令人愉快的激素，让人觉得自己充满了活力。至于找的对手厉害不厉害，就要看你是以娱悦自己为主，还是以提高技艺为主了。要是想让自己的球艺有所进步，可能还是要找强手迎接挑战。你说呢？

4. 睡觉（枕头旁边没有闹钟）

毕老师对这位同学深表同情。睡觉本是人的基本生理需要，在这里却成了这位同学梦寐以求的快乐，让人听了有些辛酸。是谁剥夺了你睡觉的权利？是父母？是学校？是老师？是高考？你可以找找原因。如果是自己的原因，比如在时间安排上不够科学，贪玩或是沉迷于网络，那就有修改调整的必要。至于枕头旁边不放闹钟，意思就是可以无拘无束地睡到自然醒啦。毕老师非常赞同你的意见，那真是人生一大快事啊！

5. 饮汤（最好是小鸡炖蘑菇汤，并滚烫）

毕老师很喜欢这一爱当中的这个"饮"字，透着从容和惬意。滚烫，也是一种调料，也是一种难以抵御的香啊！（如果长时间地爱好烫，容易得食道癌。可不是吓唬你啊，医学杂志上有报道的。）美味的鸡汤能养颜养脑，由衷的微笑和快乐可以养神养心。

6. 野炊（烤或是煮刚刚钓出水面的鱼）

甚是羡慕这位同学最喜欢的这件事啊！说来遗憾，毕老师至今还不曾参与过这样令人神往的野炊，我暗暗记下了这位同学的名字和地址，如果有机会，一定相约着一道到野外去煮刚刚钓上来的鱼。只是毕老师又有一点疑惑——谁来钓鱼呢？想必这位同学是钓鱼的高手吧？毕老师是吃鱼高手，可惜不会钓鱼，只有静静地看着你钓鱼，然后享受你的劳动成果了。

7. 看电视（200 集的韩剧一口气看完）

毕老师对看韩剧这件事，几乎是没有发言权的，因为我每天忙着写作和做一些其他杂事，差不多没有时间看电视剧，真是孤陋寡闻。听说韩剧挺好看的，演员靓丽，情节曲折。让毕老师大吃一惊的是你的决心之大、速度之快——乖乖！连续看200 集，一集 40 分钟，这就是 8000 分钟，合 133 小时，如果真是一口气看完的话，就要不眠不休将近 6 天，同学哦，你的脖子、眼睛、肩膀、腰肢还有屁股，可承受得了？

8. 听音乐（要有些伤感的那种）

毕老师知道在心理治疗中有一种音乐治疗，它的疗效很神奇，当然也包含着科学和技术的成分。音乐对人的心理和情绪有着深刻而奇妙的影响。毕老师想给这位同学提一个小小的建议，喜爱听音乐是高雅的享受，只是不要总听感伤的那一类，要扩展你的审美范围，兼容并蓄，领略更广博的音乐之美。

9. 打电脑（不仅仅是游戏，还有聊天）

游戏和聊天都很有趣，只要不是沉迷其中不能自拔，打电脑完全没问题。不过在此处，毕老师以生理医生和心理医生的双重身份郑重知会大家——几乎所有的东西都会使人上瘾。如果人们被这些东西掌控的话，比如金钱、权力、荣誉、名气、知识、娱乐、食物、饮料、考第一名、拿冠军，等等，更不要说毒品和邪教了，不论是哪种形态，如果你不能摆脱它，它就成了你的成瘾物。当然，也包括上网。同学，你可要当心。

10. 种花种草（就种"死不了"这一种花，别的估计养不活）

种花种草是人生的乐事之一，毕老师也深有同感。看着一粒花种子将泥土和水还有阳光汇聚在一处，摇身一变就成了芳香扑鼻、风华绝代的花仙子，你会慨叹大自然的鬼斧神工。"死不了"也叫太阳花，正如这位同学所说，很容易成活。我看你就先种植"死不了"，相信你会积累起经验，最后成为一名绿手指。估计你会好奇地看看自己的手指说，我的手指很白皙，不绿啊？其实，绿手指是国外对技艺高超的园丁的美称。

怎么样，这是一份很有特点的答案吧？看了之后，心情就和刚才不断看到令人害怕的事物不一样了，你的心好像长出了羽毛，轻盈起来，飞翔起来，有点意犹未尽是不是？让我们再来看一份完整的答案。

我最喜欢的十件事

1. 追求梦想

毕老师非常喜欢"梦想"这个词。如果我们在梦中都不能让思维驰骋，那真是人间的悲剧。但思维不能仅仅局限在梦中，梦可以是理想播种的地方，却不是理想收获的地方。实践才是理想的摇篮。

2. 接触一些感人的事情

嘿！深有同感。毕老师也喜欢感人的事情。我们的心是需要常常被感动的，感动是心灵的甘霖。有些人在忙碌和麻木中，渐渐丧失了感动的能力，看到春华秋实不再欣喜，看到金戈铁马不再豪迈，看到鳏寡孤独不再悲悯，看到丑恶罪孽不再义愤填膺……他已经从有温度的人变成了无知无觉的石头。

3. 练出超一流的口才

看来这位同学已经立志要当一位超级演说家了。这当然是很好的想法，希望这位同学不要就此止步，探究一下如果有了出类拔萃的超一流口才，你将面对着什么人，发表什么样的演说。人类当然是不会仅仅停留在言语层面的，口才不是目的，而只是手段。大哲学家海德格尔曾说过："语言是存在的家。"你究竟想达到什么最终目标？毕老师可能有点操之过急了，希望你牢牢把握住短期目标和长远目标之间的轻重缓急。

4. 与身边的朋友有说有笑

一有朋友，二有说有笑。可喜可贺。

5. 喝水

毕老师有点奇怪了，喝水本是最普通、最基本的事，为何在这位同学这里成了最喜欢的事情之一？别怪毕老师乌鸦嘴，也许是因为当过医生，毕老师不由自主地想问，你是不是得了糖尿病啊？到医院检查一下比较保险。如果确实没生病，你们学校的开水供应是否充足？还有，你千万不要到了十分口渴的时候才去喝水，那时身体里的水分缺失就已经相当严重了。我看过一份医学材料，说是当我们觉得口渴的时候，身体至少已经丢失了体重2%以上的水分。从这个意义上讲，人体不单如《红楼梦》里所说——女人是水做的，就连男人也是水做的。别让你的喉咙变成烟囱。

6. 接到 ×× 的便条

哈！这位 ×× 一定是异性啦！青春的心已经萌动，接到自己喜爱的异性的便条，是一件快乐的事情。只是毕老师有点好奇，这个便条上写的是什么呢？你不必告诉我，但自己要想一想。如果是互相鼓励的话，当然很好。如果是表达了有些缠绵的感情，是否要认真考虑一下分寸了？

7. 考上一所理想的大学后，出国完成博士课程，然后在国外生活（全家都去）

关于人生的设计，也许这世上有多少个人，就有多少种方案，没有绝对的正误好坏之分。这位同学想得很长远，一直延伸到了博士毕业之后，全家出国定居诸事，毕老师叹为观止。记得自己和这位同学年龄相仿的时候，想到的只是年终能评上个五好战士，把立功喜报寄回家就万事大吉了。对于全家住到外国去的想法，毕老师有点不清楚——你的这个家，是父母家还是你自己的小家？如果是父母同去，你可征求过他们的意见？有道是"故土难离"啊！毕老师是个坚定的爱国主义者，希望有志青年学好本领回到祖国，在这块土地上贡献力量，把神州山河建设得更强大、更美丽。

8. 看动漫

很多人都非常喜欢看动漫，毕老师不是泼冷水，只是有一个小小的忧虑。也许是因为毕老师是写作的人，对语言和文字有着非同小可的热爱，总觉得动漫的直观，少了若干引人思索的深邃和神秘。毕老师这样说，一点也不敢有轻视动漫之意，只是和这位同学探讨。我在深山里看到过岩画，那是原始人的创造，也可以说是最古老的动漫了，自有苍凉和执着蕴含其中。后来，原始人不再如醉如痴地专攻岩画了，因为他们创造出了更复杂、更传神的系统——这就是文字，他们把自己的理想和经历的种种事件，用文字这个媒介记录下来传达出去。现在的科技手段让动漫富有神奇的魅力，直观且夸张，可以迅速浏览也可以反复欣赏，这都是极好的进步。但切切不可忽视了文字，不要以动漫代替文字，回到人类的幼年时代。毕老师至今认为文字是连接心与心的最便捷、最准确的电波。你可以喜爱动漫，但切莫忽视了文字。

9. 喜欢蓝色调

毕老师也喜欢蓝色调。在这一点上，咱们是知音啦!

10. 尝试新鲜事物

这一点很可贵，但也要适可而止。让我给你讲一个小故事。早年间，科学家们在老鼠身上做过一个小实验。老鼠是杂食动物，有一首歌唱的是"老鼠爱大米"，其实老鼠爱吃的东西很多。科学家先是把各种食物抛撒在鼠洞周围，发现老鼠最爱吃的是花生。然后，科学家在老鼠洞旁边摆满了花生，这样，老鼠不用跑很远的路就能吃到香喷喷的花生。人们估计老鼠会安安静静地待在鼠洞里大快朵颐，结果却完全不是这样。老鼠很快就对鼠洞周围的花生丝毫不感兴趣了，依然冒着危险跑出鼠洞，到远方去寻找新的食物。科学家又发现老鼠对黄豆感兴趣，马上调整策略，在鼠洞周围堆满了黄豆。老鼠们也有了新的反应，对黄豆表示了厌倦，到远方去寻找奶酪……如此循环往复多次，老鼠都是飞快地对已经到手的食物表示厌倦，主动去寻找新的刺激。

看到这里，这位同学也许要说，毕老师你什么意思啊，是不是把我比作永远不安静的老鼠啊？

我不是这个意思，主要是想说明寻求新鲜的刺激，其实是一种动物的本能。因循守旧自然是不可取的，但一味地求新求变，也不是明智之举。你也许会说，吃一堑长一智，如果我没有新鲜的体验，那我如何进步、成长？人们的经验，可以分为间接的和直接的两种。凡事亲自尝试，就是汲取直接经验，好奇是它的出发点，经验就是它的归宿地。一个人要善于汲取直接经验，也要学会习得间接经验。不要忽视间接经验的宝贵，凡事都要亲力亲为。那样不仅仅会浪费时间和精力，有时还会误入歧途。

有一年我到戒毒所采访有关人员，看到若干位年轻的吸毒人员正在接受治疗。我和他们聊天，说你们当初是怎样陷到这个白色毒窟中的，难道不知道它是险恶深渊吗？他们都悔之不及地说，关于毒品的害处，也看到过各种宣传，但就是因为好奇，想亲身尝试一下，觉得那些宣传也许都是危言耸听，自己可能是一个例外。不想一掉进去就难以自拔了。所以他们都对我说，请您把我们的例子告诉别的年轻朋友，有些事不能毫无顾忌地去尝试，好奇心要有所节制。我把他们的话写在这里，好像有些离题太远，但内里有点滴相通的地方。

以上是两份完整的答案，充满了回答者的个人风格。请允许我从其他朋友们的答案中再摘取一部分，汇拢在一起，代表更多的选择和风格。排名不分先后，我就按顺序摘抄下来。

最喜欢的事物

（1）看到自己国家的科技强于其他国家的科技

（2）和心爱的朋友开幽默的玩笑，大家一起笑

（3）知道一些关于宇宙的有神秘感的东西，碰上 UFO（不明飞行物）

（4）开一次个人演唱会

（5）试穿有个性的衣服和鞋子

（6）在街头涂鸦

（7）教课的老师突然集体生病，放假啦

（8）一边阅读一边品尝美食（精神和胃肠都舒适）

（9）看见×××的微笑（×××是一位女生的名字）

（10）不做作业

（11）去香港购物，去韩国旅游

（12）长命百岁

（13）独自流泪

（14）走出农村

（15）听亲戚讲他们小时候的故事

（16）挣很多的钱，当总经理，拿到学位之后就结婚

…………

还有很多很多让人喜欢的事情，限于篇幅，毕老师就不一一列举了。亲爱的读者朋友们，看到这里，你有何感想呢？这里可有你的知音？或是你的答案更加出类拔萃？

关于最害怕的事物，美国的研究者也做过类似的测验，他们得出的结果排列顺序是这样的：

（1）在公众面前讲话

（2）金钱困扰

（3）黑暗

（4）登高

（5）蛇和虫子

（6）疾病

（7）人身安全受到威胁

（8）死亡

（9）孤独

（10）狗

至于我们最喜欢的十件事，就没有现成的答案了。

现在你已经知道你最喜欢和最害怕的事情了，它们构成了你独特的精神领海，是潜伏在心底的珊瑚礁和鲨鱼。不管你是否意识到它们的存在，它们都生长在那里、游弋在那里，已经很久很久了。

知道了自己害怕什么、喜欢什么，这仅仅是第一步。你可以想象在这背后隐藏着什么。你愿意继续背负着你的害怕还有你的喜爱，向着远方的你的目标前进吗？如果你不想再害怕某些事物了，你可以看看有什么办法将它克服；如果你不想喜欢某些事物了，你也可以将它们轻轻放下。

请你仔仔细细地看着这张纸，你喜欢的事物，你要珍惜它们。你还要具体地想一想，你如何才能得到这些东西。当然了，手段一定要正当啊。

游戏花絮

这是带领同学玩这个游戏的老师写来的信：

接着我们进行"你最害怕的和你最喜欢的……"游戏，这个游戏把这次活动推向了高潮。老师首先让同学们写下最害怕和最喜欢的十件事，然后把纸条全部收上来，让另外一组同学每人从中抽一张，然后将自己手中的纸条念出来，并就自己所读的纸条的内容谈谈自己的感受。在他们的发言中，最让大家匪夷所思的是某同学读"喜欢××同学的微笑"一句时，发表的感受是"此人够坦白、大胆"。较为有趣的是，某同学读"逛街遇到色狼吹口哨"一句时说："这位同学应正确看待自己，哪有那么多色狼呀。"较幽默的是这一句发言："'最怕蜘蛛'，嗬，我还看见她踩死过蜘蛛呢，还是非常冷静的那种类型。"声情并茂的发言，引来同学们哄堂大笑。蕴含深意的是这一句发言："'喜欢睡觉'，可见充足的休息对中国现在的中学生是可望而不可即的，相信这个游戏在高三年级进行的话，会有更多学生提出喜欢睡觉。"同学们报以热烈的掌声，看来这番话引起了他们的共鸣。全部读完之后，老师又让全班同学互相讨论——就你所听到的印象最深刻、最能引起自己同感的内容发表自己的看法，前后桌为一组，然后把讨论的结果写在纸条上。在不喜欢的事情中，"怕被人打劫"是同学们谈得最多的，他们认为现在社会治安不好，人们没有安全感。在喜欢的事情中，争论最热烈的是"喜欢××同学的微笑"，有部分人肯定此人的做法，认为他大胆直率；也有一部分人不这样认为，他们觉得喜欢一个人是一件很纯洁的事，如果因为喜欢而做出那些不顾别人感受的事，那就是在伤害别人了。

关于最喜欢的事：

1."喜欢睡觉"和"放假"。理由是"想知道每天睡十个小时的人还会喜欢睡觉吗""我们的生活实在是太乏味并且太疲劳了，这令我们有放松的欲望"。

2."学习成绩好"。理由是"现阶段我国校园生活的主要矛盾是广大的学生想考好成绩与考不了好成绩之间的矛盾"。

一个游戏的力量毕竟是有限的，如果你做完之后说，哈！原来我是这样的一个人，因此我还知道了我的朋友们或是素不相识的人怕什么、喜欢什么，我对这个世界多了一些了解，这就好。如果你说，我这样就足够了，我不想有什么改变，这也很好。让我们进入下面的游戏吧。

2　枫叶
档案

"作为一个有钱人的后代，我胸怀大志，自信溢于言表。不想家道中落，我的生活出现了巨大的落差。不安和恐惧缠绕着我，满脑子是彷徨和痛苦，我开始发呆。"

　　"我重新审视了自己一遍，一张幼稚傻 × 的脸，不及 1.7 米的二等残废的身高，每次考试肯定红得刺眼的英语成绩和逗女孩子说话都不敢的鼠胆，就连在最拿手的电脑游戏上也连连受挫，再加上衰到底的运气……写到这里，正准备以 $9.8m/s^2$ 的加速度从楼上落下来，还好我有蟑螂般的求生意志。痛定思痛之后，我再叹道：何必呢……没有傲人的身高，我就拼命练好

运球，当一个同样够酷的控球后卫。要知道今年 NBA 的 MVP①
得分王就是"矮子王"——艾伦·艾弗森。没有玉树临风的外
貌是不是？把脸认真打理一番也不会太丢人。没有"居高临
下"的成绩？谁也没有说成绩和智力绝对挂钩，没准我就是一
个智商 200 的潜伏下来的神童啊。没有女孩子环绕左右？可能
明天我在上学的路上就被上帝的大便砸中，认识了仙女……好
了，我的越来越远的思绪。肚子饿了，去吃饭先。自卑？早就
忘记了。"

"在茫茫叶海中，我找到了这片叶。它朝气蓬勃、青翠欲
滴、初露锋芒的叶尖宝剑般向上矗立，凸现的脉络显示着青春
的活力，虽然它是无数叶片中普通的一员，但它以独特的气质
赢得了我的芳心。"

看了以上这些表述，你有点丈二和尚摸不着头脑吧？毕老
师把这个游戏起名叫"枫叶档案"，这些话就来自从档案中随手
抽出来的卷宗啊。你可能要说，真是越来越糊涂了，"枫叶档
案"到底是个什么东西呢？且听我慢慢道来。

---

① Most Valuable Player 的缩写，指最有价值的团队成员。若无特别说明，
后文脚注均为编者注。

如果你不喜欢"枫叶档案"这个名称，你可以把它改个名字，比如叫"杨叶档案"或是"茉莉花档案""松针档案"都行，悉听尊便。你可能要说，糟了，您不解释还好，这样让大家随意命名，反倒更乱了套，完全想不出这个游戏到底怎么玩。

　　那咱们言归正传，按部就班地开始玩这个游戏。本游戏可以一个人玩，也可以一群人玩。

　　我先告诉你一个人的玩法。

　　请你到树林中去捡一片落叶，然后回到家里，在一张白纸上把这片叶子的轮廓画下来，如果你细心并且有充足的时间，你还可以把叶脉的走向也画下来。然后在这张纸上写下你采集树叶的时间。

　　第二天，你再到树林中去捡一片落叶，然后回到家里，在另一张白纸上把这片叶子的轮廓画下来，如果你细心并且有充足的时间，你还可以把叶脉的走向也画下来。然后在这张纸上写下你采集树叶的时间。

　　第三天，你再到树林中去捡一片落叶，然后回到家里，在另一张白纸上把这片叶子的轮廓画下来，如果你细心并且有充足的时间，你还可以把叶脉的走向也画下来。然后在这张纸上写下你采集树叶的时间。

　　我猜看到这里，你一定知道第四天的做法了。正是，第四天，你还照此办理。现在，你已经有了四片树叶，也有了四张描画着它们的轮廓并记录着收集日子的白纸。请你细细地端详它们，四片树叶是一样的吗？

我猜你的答案一定是"四片树叶是不一样的"。即使有的树叶第一眼看上去那么相似，细细比较它们叶脉的纹路，你也能发现很多不同的细节。

现在让我们把这四片树叶暂时静静地留在那里，再来说说这个游戏的集体玩法吧。

1. 请每位同学到野外去摘一片树叶，注意，要找同样的树种。比如都是杨树，或都是柳树、榆树、槐树等。

2. 回到教室坐到你的位置上之后，请每位同学仔细端详拿到手的那片叶子，然后为它们照个相。你会着急地说，事先也没交代要带照相机啊，这可怎么办？别担心，你的眼睛就是你的照相机，你的笔就是你的胶卷，一张白纸就是你的相纸。请你按照自己的观察所得，准确地描绘属于你自己的那片叶子。比如它的大小，颜色，柄的长短，叶脉的走向，有无虫蚀的缺口和被风撕裂出的残缺，等等。最后在纸上画下它的轮廓。

3. 在教室的中央摆一张桌子，请同学们把自己的那片叶子放在桌子上。你走过来，他走过来，你放下一片叶子，他放下一片叶子，叶子一片片地堆积起来，渐渐地，桌上就积起了一堆树叶。好像有一阵强烈的秋风刚刚刮过，接着又来了一把大扫帚，将它们归拢到了一处。一眼看去，它们仿佛一个营的孪生兄弟，一模一样。

4.最关键的一步到了。请每位同学轮流到桌子旁边，找到自己的那片叶子。如果实在找不着，就请拿出你的树叶档案，用自己画的叶子轮廓来按图索骥。

哈！你猜结果怎么样？估计会有一两个倒霉蛋或是粗心大意鬼找不到自己的叶子吧？

5.结果揭晓。所有的同学都找到了自己的叶子，什么叫完璧归赵？眼前就是活生生的演示。

6.看着你的叶子，谈谈你的感想……

世上有没有标准的叶子呢？答案肯定是没有。世上有没有两片一模一样的叶子？答案也是没有。同理，世上也没有两个一模一样的人。每一片叶子都那样宝贵，每一位同学也都那样宝贵。我们都是与众不同的。如果在大自然中，你不能说某一片叶子比另一片叶子更高贵，那么作为万物灵长的人类，也不必因为自己和别人不一样而感到自卑。

下面是一位老师写来的信，说到了他们那个班级做这个游戏的场景，我把这封信附在这里，这封信写得好极了，特别有意思。

　　本来是要求每个同学去捡一片同一棵树的树叶，但现在是春天，新叶刚长出，没有落叶，学生们一起出去又难找又耽误时间，于是我请一位校工师傅砍了一枝，让每个同学自己挑一片树叶，仔细观察，画好轮廓，交上来。我让每个同学上讲台说一说——本来是没要求这样做的，我想让他们顺便练一下口头表达能力，讲了后就将树叶放在讲台上。结果他们讲得好极了，每个人讲的都不一样！

　　——我的树叶是嫩绿色的，摸上去很光滑，叶脉清晰细致……

　　——我的树叶非常新鲜，水灵灵的，在画轮廓时，连纸都有了水的印痕。

　　——别人都拿大的，我拿的是刚出世的小树叶，颜色绿中透着黄……

　　等到大家说完后各自去找回自己的树叶时，我对大家说："同学们刚才说得很好，说了很多。大家想一想，有没有两片相同的树叶，世界上有没有标准的树叶？那么，世界上有没有一样的人？有没有标准的人？（回答是没有。）世界上也没有两个一模一样的人，也没有标准的人，你们每个人都是独特的、唯一的，都是宝贵的。因此，每个人只要做好自己就行了。你们平时有没有感到自卑过，会不会因为自己哪方面与别人不一样而苦恼？请每个人说一个战胜自卑的小故事，可以是自己的，也可以是别人的。"

有一个同学抢先说了，接着其他同学争着发言。

——我在小学时，有个同学的数学特别好。他很聪明，做作业只花别人一半的时间，而且好像从不出错。不管我怎么努力，都还是比不上他。这给我造成了很大的压力。在他面前我感到自卑。我加倍努力，有一次，他因为粗心大意，出了点小错，被扣了两分，而那一次我得了满分。我觉得，只要自己坚持努力，没有什么做不到的。

——以前我非常自卑，因为我的声音嘶哑，不敢说话，从来不敢唱歌。后来我听了阿杜的歌，觉得嗓音沙哑也是一种特点，他还得了奖呢。我也敢唱歌了。

（同学们起哄：来一首，唱一首吧。果然唱了几句。）

——我曾经很自卑，我家是农村的，我甚至不敢和别人讲话。我只能努力学习。（他数学成绩好。）后来同学们对我很好，很多女同学向我问作业。（同学们都笑了，说：哇，希望也有女同学来问我作业啊。）

——我心中有个秘密，我因此苦恼过很长一段时间。我的鼻子特别大，眼睛特别小，该大的地方不大，该小的地方不小。我曾经怨过父母，怨过老天不公平，但我后来想，这都没用，外在的相貌是不可改变的，一个人关键要有内在的力量，要有绅士风度。我刻苦地学习，看了很多很多书，现在我已经不再为外貌苦恼了。（该同学很内秀，学习成绩好，知识渊博，大家都喜欢他。）

…………

同学们，看完之后你们是不是很受感动啊？世上没有两片同样的树叶这句话，我想大家都听得耳朵起茧子了，但再好的知识，如果不进入你的思维结构，那也是纸上谈兵、画饼充饥。我希望你保存好你的枫叶档案，当你因为自己同别人不一样而自卑的时候，看看这片属于你的独特的叶子。

在这个和叶子有关的游戏中，我们其实触及了一个心理学中非常重要的课题——自卑。

自卑情结

关于自卑，心理学家阿尔弗雷德·阿德勒讲过这样一个小故事。

有三个小朋友，都是第一次到动物园去，他们站在狮子面前，被狮子的威严吓坏了。一个小朋友躲在妈妈的背后说："我要回家。"另外一个小朋友脸色苍白、全身发抖，但他站在原地仰着头说："我一点都不害怕。"第三位小朋友恶狠狠地瞪着狮子，问妈妈："我能向它吐口唾沫吗？"

听完了这个小故事，你能回答我的问题吗？这三位小朋友当中，谁在凶猛的狮子面前表现出自卑了呢？

大家都对第一个小朋友表现出了自卑没有异议。对第二个、第三个小朋友的表现，就有些众说纷纭了。有人说，这也是自卑，更多的人说这不是自卑。

咱们还是听听阿德勒是怎样说的吧。

——自卑感的表达方式有数千种。这三个孩子实际上都怕，都自卑，他们每个人都根据自己的生活方式，用自己的方法表达了这种感觉。

"自卑情结"是个体心理学最重大的发现。自卑感本身并不是什么异常的事情，它是人类处境得以改善的原因所在。因为你认识到了自己的无知，意识到自己需要为将来做准备，你才可能更加努力、有所进步。

阿德勒甚至说："依我所见，人类的一切文化成果都是基于自卑感……在某些方面，人类的确是地球上最弱小的生物，我们没有狮子和猩猩的力量，许多动物比我们更适宜单独面对各种困难……人类的幼儿极为脆弱，需要得到多年的保护和照看。因为每个人都是从最稚嫩、最弱小的儿童状态走过来的，所以自卑是非常普遍和顺理成章的事情。我们都有某种程度的自卑，因为我们处于想改善自己处境的努力当中。

怎么样，看了心理学家的这些话，你是不是对自卑也有了更深一层的认识？自卑本身并不是耻辱，但如果久久地挣扎在自卑当中不能自拔，带来了压力，这就成了一个问题。

在同学们写来的信当中，你也会看到有人说，我从来就不曾觉得自卑过。

关于这个回答，阿德勒也有过精彩的描述。他说："许多人，当问到他们是否觉得自卑时，他们会回答'没有'。有的甚至会说，正好相反，我觉得自己比周围的人要高出一筹啊。"

你会看到一个高傲自大的人，他是怎么想的呢？他心里想的是：别人很可能会忽视我，我要让大家看到，我可是个人物哩。

你看到一个人说话的时候手势很夸张，其实他心里想的很可能是：如果我不拼命强调的话，我的话就会没有力量。

同理，如果谁穿了一件新衣或是名牌鞋子在大家面前走来走去，生怕别人看不见，借此显示自己的富有和时髦，那他很可能是想掩盖以贫困为耻的价值观和曾被忽视的自卑。

如果在考试之后，某人因为自己的名次不错而再三有意无意地提示大家注意到这一点，那么我们基本上可以断定，他对自己以后仍然能取得好成绩的把握不是很大，甚至很可能是没有信心的。因此，他的自卑使他产生了夸张的补偿行为，提醒人们注意这一次短暂的辉煌。

五花八门的自卑表现

上面掉了一段书袋，大家是不是有些烦闷啊？让我们再来看几位同学的信吧。

课堂上，老师请了几位同学讲述自己关于自卑的经历。有同学说，有的人认为自己是完美的，从来不曾自卑，对此观点我不敢苟同。从心理学的观点来分析，自卑这一种人格元素普遍存在于每一个人的人格中，藐视它或是设法掩盖它，恰恰是由自卑逐渐演化为狂妄自大的结果。这种人格不但比自卑的人格更低微，还更经不起打击，容易招惹祸患……

毕老师看到这里，几乎拍案叫绝。该同学如果不是私下里潜心攻读过心理学的经典著作，就是具有极好的直觉。除了最后几句话略有些绝对化，其余都是非常有见地的。毕老师在这里抄下一段阿德勒的有关论述，同学们看看有无异曲同工之妙。

阿德勒在《生命对你意味着什么》这本专著里说："在各种显示优越性的行为背后，我们都可以怀疑有一种需要极力掩藏的自卑感。这正如有一个人，他觉得自己太矮，便踮着脚尖走路以便使自己显得高大一点……他们甚至强迫自己保持一种优越感。在此同时，他的自卑感会更加强烈，因为其产生的情景丝毫未变，因为其根本原因依然存在，他采取的每一步都加深了他的自我欺骗，他的所有问题也会变得更加迫切……"

我再把这封信的下半部分摘抄在这里。

自卑最大的敌人就是勇于面对的人。首先必须清楚的一点是，我们大部分人都走入了一个误区，以为承认了自卑就意味着低下甚至污秽。的确，自卑心过重，常常会毁了一个人，"事事不如人"一旦成了习惯，人格里所有类似于"奋斗""超越"我能行"的词汇就都会被删除。但自卑也有积极和消极之分，积极的自卑是超越他人与自我的最原始的一步。

白岩松和张越，大家都知道吧，他们年少时也曾自卑，也曾在众人面前自惭形秽，这在他们现今豁达自信的台风之中，又有几人能看得出呢？

……

看到这里，我想，如果阿德勒老先生活在当世，可能要把这位同学收作关门弟子了。

再来看一封信。

毕老师为什么频频引用同学们的信呢？是因为觉得同学们写得实在太好了，比毕老师写得好多了。毕老师读了备受鼓舞，想必同学们看到这些鲜活的、来自你们生活的信件，更是要会心一笑的。

……随着年龄的增长，自卑的侵袭越来越频繁了。我常常抱怨自己的身高不够、外貌欠佳；接触的人和事越多，就越发觉得别人或能言善辩，或博览群书，或笔走龙蛇，总之才华横溢、光芒四射。相比之下，我则显得木讷愚钝、一事无成、一无所长……

举个具体例子吧。

我上小学一年级的时候，参加学校组织的文艺表演。一次排练中，老师要大家摆出自己最满意的笑容，我自信地做了个表情。岂料老师拍着我的头说，这个小朋友笑得真糟糕。我如遭当头一棒，心想一定是因为我那口排列不整齐的牙啊。坦白地说，那位老师的话至今还回响在我的耳边，它给我的心灵造成了极大的伤害。之后我就变得自卑了，很少在别人跟前笑，即使笑了，也很不自然，让人觉得别扭。直到有一天，一位朋友对我说，其实你笑起来很好看，尤其是牙齿，两颗尖尖的小虎牙好特别啊。虽然你的牙不是很整齐，却是独一无二的。在那一瞬，我才猛然醒悟，我就是我，有我自己独特的个性，何必太过在意别人的看法？！从那以后，我才不再掩饰自己的笑容了……

毕老师首先要代替那位老师向这位同学道歉。因为那位老师是一位成人，毕老师也是一位成人，成人的每一句话，都可能被幼小的孩子奉为真理。如果是鼓励，他们可能如沐春风；如果是恶语相加，他们的心就会生出荆棘，黑色之刺扎入心田，一生疼痛。

你要学会自己疗伤。很高兴这位同学终于走出了对容貌自卑的深渊，从此可以在人前自由自在地微笑了，我猜那笑容一定温和可人，因为她不再自卑，也会把自信之感传达给别人。

表情是可以传染的，不信你就试一试。反面的例子唾手可得，老师要是哭丧着一张脸走进教室，那众学生本堂课上挨骂的概率就大多了。如果老爸老妈今天在单位诸事不利，那你也很可能成为他们发泄的对象、单位领导的替罪羔羊。

让我们微笑吧，不论牙长得是否整齐，都要像这位同学一样自信地微笑。

扯远了，咱们赶快回来。

在我的面前摆着厚厚的枫叶档案。这是很多同学写完后寄来的，每张纸上都画有一片叶子，当然每片叶子都是不同的。有一些叶子是彩色的，还有一些叶子被精心地描画出了丝丝缕缕的叶脉，宛若它们生长在树干上的模样。每一封信都饱含着激情，我读到它们的时候，不止一次热泪盈眶。这样好的作品，哪能不和大家分享呢？让我再抄录几段。

我曾经对我的数学成绩感到自卑。初中时，我的数学成绩总是在及格线上下徘徊。有时看成绩单，我的眼光会不由自主地把数学这一科跳过，我从不敢和同学们讨论数学问题，因为自惭形秽……

我因为自己的乡下口音而感到自卑。我从小生活在乡下，后来进城上了学。我觉得乡下口音和城里口音没有太大的区别啊，但那些城里的同学耳朵很尖，他们总能听出异样，只要我一开口讲话，他们就向我投来异样的眼光，还给我起了个"乡巴佬"的外号。从此，我很少说话，也从不敢在公众场合和别人聊天……

下面这封信是以连续的排比问句开始的，问题是提给我的，看来也是提给他自己的，收录在这里，也就把问题的彩球抛给大家了。

　　一片树叶有多大？您知道吗？

　　一片天空有多广？您知道吗？

　　一段友情有多深？您计算过吗？

　　一个人的心里渴望成功，您能理解和帮助吗？

　　让我感到自卑的是我本身。首先，我不够高。身高 1.68 米，太渺小了。看到别的男孩甚至比我还小的女孩都比我高出很多，我就觉得老天爷实在是太不公平了。其次，我的脸形不好看，不是人们喜欢的瓜子脸。鼻梁不够高挺，更不是人们欣赏的希腊鼻或是罗马鼻。再说嘴形，既不坚毅也不性感。还有"野火烧不尽，春风吹又生"的青春痘，更让我自卑至极。

　　传说中有一种神奇的七色花，每摘下一瓣就可以满足人的一个愿望。那我就需要七瓣，不要责怪我的贪婪，每一瓣都有它相应的用处，且听我一一报来。一瓣用来改变我的身高，我希望自己的身高能有 1.79 米，而且还要拥有占据身长四分之三的下半身，即很长很长的腿。第二瓣用来改造我的脸形，我希望自己拥有周润发那样果敢的国字脸。第三就是嘴巴了，要不大不小，充满自信和力量，让人一看之下就生出想被它亲吻的感觉。（当然吻不吻要看我自己，我只是说它要长成很可爱、很有力量的样子。）第四瓣用来战胜青春痘，让它们永远、彻底地从我脸上逃遁。第五瓣用来修整眼睛，说实话，我的眼睛还是不错的，但谁不希望它更大、更炯炯有神，充满魅力呢？我要锦上添花。第六瓣就分配给指甲吧，我有一个灰指甲，不很明显，不用心是看不出来的，但我很为它羞愧，我不敢在人前打任何手势，怕人发现这个缺陷。现在我只剩下最后一片花瓣了，我就把它献给×××。我不想改变她身上的任何部位，因为她很完美，包括她散发出来的奇异香气，我相信只有我可以闻到，而别人都是闻不到的。我把花瓣献给她，只是希望她能知道我的心意。比如今天是1月9日，晚自修后，我想请她出去吃东西，可是她和别的同学一道出去了。我心里很难过……

　　我们已经看到了自卑的各种表现形式，也可以看到它曾给年轻的朋友带来多少痛苦和怯懦。也许你在看到这些肺腑之言的时候，会觉得不以为然，比如说身高不够，你会举出历史上的种种矮个子伟人的例子来说服自卑的朋友。但是，恕我直言，这些劝慰并非都能收到立竿见影的效果。

　　除非你自己认识到你是一片独特的叶子！

上面的这些信，我只抄录了一半。振奋人心的后半部分，比如数学不好的同学因为勤奋努力，终于有一次得了全班数学第一名；比如个子矮小的男生因为技术高超，进了校篮球队，还成了队长；比如一口乡下土话的同学也能和别人海阔天空地聊天了；比如想要七色花的那位同学坦然接受了自己的相貌和身高……因为篇幅有限，我就不一一摘录了。总之，同学们都找到了自己战胜自卑的勇气，那就是勇敢地接受自己的不足，坦然地面对先天、后天的缺憾，认识到这也是生命的组成部分，接纳自我，快乐地面对明天。

也许有人要说，毕老师你引了这么多自卑的例子，倒真是和我们离得很近，因为大家都是普通人嘛，所以会因为很多事自卑。要是名人，就不会有这么多烦恼了。

既然提到了这个问题，毕老师就又想起了一个例子。让我们看看下面的故事。

若干年前，在香港九龙的电影院里，马上就要上演李小龙主演的《猛龙过江》，大家熙熙攘攘地掏出票来进场，一个小男孩像条泥鳅似的钻了进去。他出身单亲家庭，家境贫寒，买不起电影票，看门的师傅认识这个讨人喜欢的男孩，知道他是李小龙的超级粉丝（那时还没有粉丝这个专有名词呢），同情他、喜爱他，就对他的逃票行为视而不见，把头一扭就让他进去了。

这个小男孩是谁呢？就是周星驰。但直到后来当了大红大紫的喜剧明星，他也想不通为什么那么多人喜欢他。他说：我不知道，不理解，不明白。我只是普通的拍电影的人而已。曾经我也认为自己很会搞笑，是演技最好的人。现在我才发现，还有很多好演员，在他们面前我其实很渺小，我本人对演戏的理解只有皮毛，没有完备的知识体系，如果说真有什么方法的话，那就是两个字：努力！我不是特别聪明的人，除了努力，没有别的秘诀。

再讲一个小男孩的故事。他的爸爸是一位贫苦的鞋匠，因为家境贫寒，年纪在班上又是最小，他经常受到人高马大的同学的欺负。后来，他费尽千辛万苦写出了第一部戏剧剧本，交到了专家手里，专家的评语是："文化素养极差，缺乏普通的文化知识……"另一位专家的评语是："缺乏舞台知识，缺少文化素养，文学上还很幼稚，剧本不适合演出……"校长对着这个男孩大骂道："窝囊废！大笨蛋！请把你的眼泪洒在桌子上吧。因为你的脑袋和它是同一材料做成的！"然后把他赶到教室外面，让他对着公羊大声叫"兄弟"。

这个男孩又是谁呢？他就是后来写下《卖火柴的小女孩》的安徒生！

我看到这两个故事的时候都很感动，杰出人物在他们的幼年时期，绝非霞光满天，一派福瑞之气，也经历了很多坎坷，有很多自卑的理由。但只要你不被自卑压倒，就有可能把自卑踩在脚下。

毕淑敏的自卑

有一封信很有趣，问我：毕老师，你会不会自卑呢？如果会，具体是因为什么呢？你如何对付你的自卑呢？

面对这个问题我必须坦白交代。

第一问：会不会自卑呢？

回答：不但会，还有很多自卑之事。旧的自卑克服了，新的自卑又在作祟了。套用上面那位同学描写青春痘的话，真是"野火烧不尽，春风吹又生"。自卑出现了，并不可怕，只要把自卑摆到桌面上来，找出自卑的原因和表现，从容面对，自卑就成了一只纸老虎，一戳就破了。

第二问：自卑的具体表现是什么？

回答：小的时候，我是个性格很内向的女生，特别害怕当众讲话，受了委屈，遭了冤枉，一肚子苦水，可舌头笨得打结，什么也说不出来。记得在幼儿园的时候，我梳的是娃娃头。每天中午午睡起来，阿姨都要为女孩子们梳头。有一天，不知是哪位小朋友自己去梳头，把化学梳子的齿弄断了（那时候我们把塑料梳子叫作化学梳子，算是个稀罕物件）。阿姨一怒之下非要把肇事者揪出来。小朋友们看到阿姨生气了，都很害怕，谁都不肯承认。阿姨心生一计，采取排队甄别的方法。让梳过头发的小朋友站成一排，没梳过头的小朋友站成另外一排。阿姨认定嫌犯在第一排里，就要一个个审查。而第二排头发像喜鹊窝一样乱糟糟的小朋友，便可以到外面玩耍去了。

我起床后根本就没梳过头，但因为头发短，看起来也不太乱。阿姨不由分说就把我赶入了嫌疑人的队伍。我乖乖地站在嫌犯中，连一句"我没有梳过头"都不敢说，因为我怕顶撞了阿姨，惹阿姨生气，那样我就不是好孩子了。

我因为自己的外语成绩不好而自卑。中学时，我就读于北京外国语学院附属学校，很多同学的家长都是外交官，他们从小就受到长辈们的熏陶，可我父亲是军人，连一句外文的"你好"都不会说。因为自卑，有一段时间，我很想转学。每天上课想的就是怎样才能有几门功课不及格，转到外校去。

我因为自己做手术时速度不够快而自卑。当实习医生的时候，我和另外一位同学一组，他以前当过木匠，做外科手术的时候，手起刀落，别提多利索了。每逢我和他同台手术的时候，护士长都要说，毕淑敏，别看你理论不错，病历写得好，真到做手术的时候，你就差得远了！搞得我心灰意冷，都怀疑自己不是当外科医生的料了！

我还因为自己身高体胖而自卑，因为每逢到街上买衣服的时候，售货小姐充满歧视地一瞥，对我说："我们这里没您能穿的号，到别处去看看吧。"我都生出羞愧之感，好像买不到衣服是自己的错。这样被连续打击了几次之后，我就不愿上街买衣服了，觉得那是自取其辱。

……

……

……

我之所以打了三排省略号，是因为要说的自卑之事还多着呢，要是一直写下去，再写 N 行也写不完啊。为了节省大家的时间，就暂且写到这里吧，省略号代替了我的心。

第三问：如何应对自卑？

回答：关于不敢当众讲话一事，其实一直沿袭到了今天，每逢需要上台演讲或是外出讲课，我都会紧张。有时一个比较重要的学术会议上如果有我的主题发言，我甚至会在几个月前就开始紧张。后来我仔细分析过自己这样紧张的原因，其实就是追求完美，生怕自己讲得不好，给人留下不好的印象。刨根问底，也和童年时代怕被阿姨批评有关。我就对自己说，我就是这样一个人，有优点也有缺点，演讲的时候，我尽量把自己的观点表达出来，就算完满完成了任务。我不再希求夸奖和众口一词的好评，我把自己是否尽力当成标准，而不再用别人的尺度衡量自我。这样一来，我讲话时的紧张和自卑情绪就有了很大的缓解，甚至有人说，我看你发言的时候，从容淡定，十分沉着啊。只有我心里才知道自己走过了怎样艰难的历程。

关于外语成绩一事，那时学校要求大家做到睡觉说梦话都要用外语。我心中绝望极了，心想反正我一没有家长言传身教的得天独厚的先决条件，二来也不可能走火入魔到半夜说梦话都用洋文，我已经做好了转学的准备，在转学之前，就破釜沉舟地努力一次吧。这样想了之后，反倒"无望一身轻"（正确地说要说"无事一身轻"，有点置之死地而后生的意思吧），每天轻轻松松地学习，居然很快就名列前茅了。我现在还保存着一张当年的成绩单，所有的成绩都是"优"。

关于外科手术的事，我对自己说，你就是不如那个当过木匠的同学，这是一个事实，你就正视这个事实吧。外科手术和

没有一棵小草自惭形秽

　　我曾被人邀请去看一棵树，一棵古老的树，大约有5000年的历史，已因唐朝的地震弯折了腰，半匍匐着，依然不倒，享受着人们尊敬的注视。

　　我混在人群中，一边直着脖子虔诚地仰望着古树顶端稀疏的绿叶，一边想，人和树相比是多么渺小啊。人生出来，肯定是比一粒树种要大很多倍的，但人没法长得如树般伟岸。在树小的时候，人能很容易地把树枝包括树干折断，甚至能把树连根拔起，树就结束了生命。就算是小树长成了大树，归宿也是被人伐了去，做成各种各样实用的物件。长得好的树，花纹美丽、木质出众，也像美女一样，红颜薄命，被人劫掠的可能性更大，于是很多珍贵的树种濒临灭绝。在这一点上，树是不如人的。美女可以人造，树却是不可以人造的。

树比人活得长久，只要假以天年，人是绝对活不过一棵树的。树并不因此骄傲，爷爷种下的树，照样以累累果实报答孙子或是其他人的后代。

通常情况下，树是绝对不伤人的。即便如前几天报上所载，一些村民在树下避雨，遭了雷击而死，那元凶也不是树，而是闪电，树也是受害者。人却是绝对伤树的，地球上森林数量的锐减就是明证，人成了树的天敌。

树比人坚忍。在人不能居住的地方，树却裸身生长着，不需要炉火或是空调的保护。树会帮助人，在饥馑的时候，人扒过树的皮以充饥，我们却从未听到过树扒下人的什么零件的传闻。

很多书籍记载过这棵古树，若是在树群里评选名人的话，这棵古树是一定名列前茅了。很多诗人、词人咏颂过这棵古树，如果树把那些词句都当作叶子一般披挂起来，一定不堪重负。唐朝的地震不曾把它压倒，这些赞美却会让它扒在地上。

树的寿命是如此长久，居然看到过妲己那个朝代的事情。在我们死后很多年，这棵古树还会枝叶繁茂地生长着。一想到这一点，无边的嫉妒就转成深深的自卑。作为一个人活不了那么久，伤感让我低下头来，于是我就看到了一棵小草，一棵长在古树之旁的小草。只有两三片细长的叶子，纤细得如同婴儿的睫毛。从树叶缝隙中透过的阳光打在草叶的几丝脉络上，再落到地上，阳光变得如绿纱一样轻飘飘了。

这样一株柔弱的小草，在这样一棵神圣的树底下，一定会俯首称臣、毕恭毕敬吧？我竭力想从小草身上找出低眉顺眼的谦卑，最后却以失望告终。这棵不知名的小草，毫无疑问是非常渺小的。就寿命计算，假设一岁一枯荣，老树很可能见过小草5000辈以前的祖先。就体量计算，老树抵得过千百万小草集合而成的大军。就价值来说，人们千里万里路地赶来，只为瞻仰老树，我敢肯定没有一个人是为了探望小草。

我作为一个人，都在古树面前自惭形秽了，小草你怎能不顶礼膜拜？我这样想着，蹲下来看着小草。与这样一棵历史久远、声名卓著的古树为邻，你岂不要羞愧死了！

小草昂然立着，我向它吹了一口气，它就被吹得蜷曲了身子，但我气息一尽，它就像弹簧般伸展开叶脉，快乐地抖动起来。我再吹一口气，它还是在弯曲之后怡然挺立。我悲哀地发现，不停地吹下去，有我气绝倒地的一刻，小草却会安然如旧。

草是渺小的，但渺小并不一定就要觉得羞惭。在庄严的大树身旁，一棵微不足道的小草都可以毫不自惭形秽地生活着，何况我们这些身为万物灵长的人类！

3

掌声
响起来

好多年前，当我第一次听到《掌声响起来》这首歌时，觉得这歌有点像歌谣，留下了深刻的印象。不过咱们今天这个游戏，和歌没有太多的关系，只和掌声有关。

具体的方法也可以分成个人做和集体做两种。我更喜欢大家一起做，掌声热烈，群情兴奋。至于一个人怎么做，知道了团体如何操作，你也就无师自通了。

每个人先准备一张纸、一支笔，放在桌子上。（老师要准备一个带秒针的钟，放在讲台上，面对大家。）

老师说：同学们，让我们一起想象一下，此刻你正在观看一台精彩的演出，台上是你最喜爱的偶像。此刻，演出结束了，演员向你走来，你无比激动，拼命地鼓掌。好了，我们的游戏现在就开始了。请你预计一下，假如你用最快的速度鼓掌，一分钟，你能鼓掌多少次呢？

这时候，请同学们不要进行太多的思考，把第一个进入你脑海的数字写在纸的左上角。写好之后，就把你的那张记录着数字的纸倒扣在桌面上，咱们进行下面的步骤。

下面的步骤是什么呢？就是咱们真的鼓鼓掌，测验一下，看看你的估计准不准。

鼓掌时双手的距离不必过大，大约 3～5 厘米就可以了，离得太远，鼓掌时幅度就太大了，一是你辛苦，二是测量结果不容易统一。

具体鼓掌的时间，请老师掌握在 10 秒钟左右。开始的时候，咱们先预热一下，请同学们试着鼓几次掌，以适应节奏。当大家都明白这个游戏的玩法之后，就可以正式开始了。

老师的口令是：同学们，准备好了之后，咱们就进入倒计时了。当我喊到"1"的时候，你就用最大的力气和最快的速度鼓掌。

好，现在我开始数数了。5，4，3，2，1——

鼓掌……

通常在 5 秒钟之后，大伙会感觉疲劳，这时请老师鼓励大家，说"加油""更快一些""努力"之类的话，让气氛达到高潮。当到达 10 秒的时候，老师要很果断地喊"停"。然后请大家把自己鼓掌的数字乘以 6，就得出了自己一分钟鼓掌的数字。

把这个数字写在纸的正中央。

　　同学们，你现在得到了两个数字，一个是你在鼓掌之前预计的鼓掌数字，一个是你的实际鼓掌数字。按照咱们事先的约定，你的预计数字在纸的左上角，实际数字则在纸的中央。

两个数字

在我面前有一个大大的速递信封，内装某个班级的同学在老师的指导下做完这个游戏之后写下的心得。让我先把自己看到的这两组数字，报告给大家。前面出现的数字是预计的掌声数，后面是实际数目。

40 ~ 174

90 ~ 240

88 ~ 360

120 ~ 480

10 ~ 420

200 ~ 366

我好像听到有人"哇"地叫了一声，你因它们相差很大而惊奇，是不是？

最让我吃惊的是，某个同学预计自己只能够鼓10次掌。毕老师看到这个数字的时候，惊奇得眼睛快吊到额头上了，这实在是一个太悲观的数字了。毕老师心想，每分钟鼓掌10次，就是每6秒钟鼓掌一次，那是怎样的慢动作啊！毕老师还特别看着秒针亲自实践了一下，想看看每6秒钟鼓一次掌是什么感觉，最后得出的结论是，这基本是饿得只剩下一口气的人采用的频率了。值得欣喜的是，在这位同学的那张纸中央，写着一个大大的数字"480"。毕老师这一次钦佩至极，这相当于每秒钟鼓掌8次，这位同学有着怎样灵巧的双手和强劲的"马力"啊。可喜可贺！

下面是我摘录的一位指导老师写来的信。

全班同学听说这次班会的主题是做一个游戏，都很好奇，也很高兴。看我进教室也没带什么教具，大家有点猜不透这个游戏是干什么的。我按照要求先让同学们每人拿出一张白纸，讲了有关事项，让同学们先在纸的左上角写下预计的数字。大家写得都很快。这有什么难的啊，鼓掌是谁都会的事。我特别申明，不得互相询问和商量，有点类似考试时不得偷窥别人卷子和交头接耳的意思，但实际上这个担心似乎是多余的，同学们根本就不觉得这有什么难度，都是自己独立完成的，而且速度极快。我在教室里走动着，看到同学们估计的数字在13～240之间，其中，100～150之间为多数。最少的一位同学估计的数值为13。

　　我宣布后面游戏的玩法之后，先让同学们试着鼓了几次掌。因为我怕有的同学对游戏的要求不够清楚，这样一会儿真做起来的时候，会影响操作的准确性。（毕老师对这位老师的细心表示钦佩。的确是让大家先演练一番比较好，心里有底。）等到大家都明白了这个游戏的做法之后，我就郑重宣布，游戏马上就要开始了。我把事先准备好的闹钟转过来面向大家，这样一是让大家对时间的概念心中有数，二是使结果的准确性有更大的信任度。等同学们的注意力高度集中之后，我开始了倒计时："5，4，3，2，1——开始。"

　　同学们的掌声非常热烈，大家拼命快速鼓掌，教室里一时声浪迭起，好像四周的白墙都微微颤动起来。鼓掌了5秒钟以后，掌声的劲头稍稍缓了一些，可能同学们比较累了。我就不失时机地给大伙加油鼓劲，掌声山呼海啸般地响了起来。我当时都有一点担心，这么热烈的掌声，别的班的同学会不会以为这里出了天大的喜事啊。

"停！"说时迟，那时快，10秒钟很快就到了，我喊了停的口令，同学们这才意犹未尽地停了下来。我说，你现在都得到了一个数字，这就是你在10秒钟内鼓掌的次数，现在我们要得出你一分钟到底能鼓多少次掌，就把这个数字乘以6。这是小学三年级就能掌握的能力，两位数乘以一位数的乘法，想必大家都能很快地完成，那就开始吧。算出来之后，把数字写在纸的中央。

教室里一下子变得很静，大家纷纷低下头，计算自己一分钟到底能鼓多少下掌。按说这个题目可不难算，按说很快就能得出答案，可同学们都沉浸其中，半天没有声响。我看到有不少同学惊奇地瞪大了眼睛，好像不相信自己亲笔算出的数字，在那里重复计算。我还看到有的同学愣愣地坐在那里，虽然不再验算自己的计算结果了，但思绪好像一下子跑出了很远。还有的同学干脆看着自己的双手，好像不相信刚才就是这双手鼓了那么多次掌……

经过统计，我们班上的数字是这样的：

1. 最大的差距是199，该同学估计是35次，而实际上达到了234次。

2. 最小的差距是24，该同学估计是240次，而实际达到了

264 次。

3. 在参加游戏的 41 位同学中，仅有 1 位同学估计的数字是 500，而实际只达到 420 次，估计值大于实际值。

4. 对自己估计最少的那位同学（就是我看到的 13 次），平时的确表现得较为自卑，缺乏自信，老师与其他同学交流时，他总是远远地站在一旁仔细地倾听，从不敢靠近。当实际值得出来之后，他自己也吓了一跳，捂着嘴，睁大眼睛看着我，似乎在说："太不可思议了！"

后来我给同学们读了一个小故事。这是我自己准备的，因为我很喜欢这个故事，很希望同学们听完之后，也能有所领悟。这个故事是这样的……

打开一万台发动机

　　1993年，日本札幌的一位4岁小男孩，从八楼掉了下来。男孩的妈妈小山美真子当时正在楼下晾晒衣服，看到这一情景，立即飞奔过去，赶在小男孩落地之前，把孩子抱在了怀里。

　　这一消息在《读卖新闻》上刊出之后，引起日本盛冈俱乐部的法籍田径教练布雷默的质疑。因为根据报上刊出的示意图，他发现，要接到从25.6米高的地方落下的孩子，这位站在20米外的妈妈，必须跑出每秒9.65米的速度。而这一速度，在当时的日本，就是成绩最好的田径运动员，都难以达到。

布雷默想，如果《读卖新闻》没有搞错的话，那么小山美真子必定是个运动天才。为了验证自己的猜测，同时也为了见一见这位了不起的母亲，他决定拜访一下小山美真子，看看这位年轻的妈妈是否真的创造了一个奇迹。

两人的见面地点被安排在一家茶艺馆里，当记者把小山美真子带到布雷默面前时，布雷默惊愕得几乎"凝固"了，因为站在他面前的不是一位身材高挑、肌肉健硕的女子，而是一个身高不足 1.6 米、身材纤弱的少妇。

这样一位弱女子真能跑出每秒 9.65 米的速度吗？从布雷默执教二十余年的经验看，是绝对不可能的。可是，当他看到小山美真子手中牵着的那个可爱的孩子和他们那种亲昵的劲头时，他彻底打消了"不可能"的猜疑，因为从他们母子二人的身上，他感觉到有一种爱的力量在威逼着他，让他承认自己错了。事后，布雷默在回忆录中写道："当时，我甚至觉得自己有点卑鄙，我怎能怀疑一个心中充满爱的人，不会创造奇迹呢？"

布雷默见过小山美真子后，于 1995 年离开日本回到法国，在巴黎成立了一家以小山美真子的第一个法文字母命名的田径俱乐部。2002 年，他手下的一位名叫沃勒的运动员在世界田径锦标赛上获得了 400 米赛的冠军。当记者问他，作为一名新手如何在众选手面前脱颖而出时，沃勒回答："每个人体内都有一万台发动机，这次我打开了一万台发动机。"

　　不知道这句话是不是他的教练布雷默告诉他的。当我在报上读到这句话的时候，觉得布雷默似乎在告诉世人，上帝赋予你的能量，足以实现你的任何一个梦想，只要你有小山美真子那种对儿子的爱，只要你有一份执着的信念。

　　我讲完这个故事之后，全场又陷入了沉默。以我当过很多年老师的经验看，学生的沉默往往有两种意义。一种是大家无动于衷，老师你讲你的，大家心里想的是另外的东西，根本就不搭界，这种沉默，是一种死寂的沉默，就是沉默到世界末日，也没有新的闪光点出现。还有一种沉默，是你的话碰撞到了学生们心中的某一点，他们被触动之后，正在认真地思忖，还没有想好自己的第一句话该怎么说……我觉得这掌声之后的沉默应该是第二种。

　　果然，静默片刻之后，有一个同学打开了话匣子。

　　他扬了扬手中的纸片说："我估计的是 60 下。我为什么估计是 60 下呢？因为我想一分钟 60 秒，我大约 1 秒钟可以鼓一下，那么 60 秒钟鼓掌 60 下，也就是顺理成章的事情了。鼓掌 10 秒钟之后，我得到的数字就是 60 下。可这不是一分钟的数字，是一分钟的六分之一的数字。我没有算下去，因为不用算了，我知道自己的估计只是自己实际能力的六分之一。老师讲故事的时候，我一边听一边走神，我不知道在别的事情上，我会不会也犯过同样的错误，我过低地估计了自己的能力……"

一席话说得大家颇有同感，因为这是一位平日看起来很自信的同学，连他都会有这种走眼的时候，那别人就更有的说了，同学们开始了热烈的讨论。有人说："我估计的是 100 下，实际上呢，我鼓出了 300 下，就这还不是我最好的成绩呢，因为刚鼓到一半的时候，我就开始计算了，我知道我必将大大超过自己的估计。说起来也挺不可思议的，手是我们自己的，鼓掌也不是什么高难度的动作，需要学习、练习才能掌握，基本上是手到擒来的事，而且也没什么危险，也不需要冒多大的风险，可我们还是估计得不准，还是过低地估计了自己的能力。这让我在吃惊之后，有点想不通。难道我们真的常常这样犯错误，而且自己什么也不知道、没察觉吗？要真是这样，就有点可怕了。"

第三位发言的是位女同学，她说："以前总说人是有潜力的，我不信，我觉得自己已经油尽灯枯，没什么潜力了。（看着她朝气蓬勃、面色红润的脸庞，大家哄堂大笑，因为这实在和油尽灯枯不沾边嘛！）在做这个游戏之前，我就猜到老师又要搞什么鬼花样了。（她朝我做了一个鬼脸，算是为她的不敬表示歉意。我一点都不生气，反倒为这样的融洽和谐感到高兴。一个学生不怕老师，敢把心里话告诉老师，这才是好学生；听了学生的心里话，我不生气，我也才是好老师。好了，打住，再说下去就有自夸的嫌疑了。）所以让我写的时候，我就故意写了一个很大的数字，420 次。我想和老师开个玩笑，也和自己开个玩笑，我认为这是一个根本不可能达到的数字，我是写着玩的。结果怎么样呢？"该同学说到这里，把她手里拿着的那张纸给我们大家看，在纸的左上角写的是 420。那么在纸的中央写的是多少呢？居然也是 420！大家就给她鼓掌，因为似乎只有她一个人的估计和现实如此吻合。可是她很不好意思地说：

"我是闹着玩的。以为根本就不可能实现，谁想到它就真的实现了。这个实现，比不实现还让我吃惊。因为我不知道自己能力的上限在哪里……"

大家争先恐后地发言，我就不一一列举了。同学们都说，通过这样一个小小的游戏，认识到自己身上潜在的能力居然如此夸张地没有被意识到，觉得很惊诧。还有学生说，以前学心理学时，书上说人类大脑的记忆容量一般只被运用了 10%~15%，都觉得有些言过其实，现在看来的确如此。在讨论的过程中，不少同学表示要重新认识自己，正确评价自己，努力提高自己的自信心……

接着我请大家谈谈："为什么你对自己的估计要比你实际能做到的低？请每个同学讲一个自己亲身经历的小故事，说明自己的能力比预料的要大得多。"

这位老师也把同学们写下的小故事给寄来了，下面我就摘抄几段。

（一）预计 80 下，实际 480 下。

小故事：中考的时候，我以为自己最多只能考到 70 分，结果拿到了 85 分。

毕老师觉得这基本上不算是个故事，但能明白这位同学的意思。因为说起来容易做起来难，能在中考这样的大考试中，提高了这么多分，真是太不简单了。可以想象到你当时的快乐和喜悦。你也因此有了令自己喜出望外的成功经验。

（二）48×6=288

小故事：初中有一次，老师要我准备一个给入学新生的学习方法的介绍。当时让我介绍的是语文，我很紧张，自认为我的演讲一定是十分平庸的。没想到讲完之后台下反应非常热烈，后来校长还推荐我去参加全市的中学生演讲。

毕老师非常敬佩这位同学。毕老师至今还认为演讲是件很折磨人的事情，像这位同学能在不经意之间就取得这样的好成绩，真是自助者天助也！

（三）58×6=348

小故事：在我 10 岁那年，有一个五级的手风琴比赛，我本以为我不会过关的，在比赛的那一天，我凭着自己的努力，居然一举夺冠！

毕老师不会演奏任何一种乐器，真是惭愧极了，连口琴都不会吹，所以对一切会演奏乐器的人，我都打心眼里仰慕。更不消说这位同学在 10 岁的时候就参加了五级手风琴比赛并夺冠，真是英雄出少年。毕老师不由得看了看你刚开始为自己设定的数字，是 58 下，还有零有整啊。看来随着时间的流逝，当年的那个成就带来的鼓舞和动力已经被你淡忘了，现在要重拾信心再创辉煌！

还有很多同学写下的感人小故事，限于篇幅，我就不多写了。但我在看的时候也有一个小小的疑虑，为什么我们的同学所写的事例，都大量地集中在对课业成绩的判断方面：以为自己哪一科没考好，但其实分数比自己预计的高，就把这当成了潜力的发挥？这当然是没错的，所以当我看到第一个这样的例子的时候，心中充满了欣喜。但是看得多了，就生出困惑。在同学们的经验当中，只有学习，只有考试，才是衡量自己潜能的标尺吗？这个问题，我想了很久。原因或许不在同学们身上，而是多方面的。

人的潜能不单表现在学习能力上，还表现在更多的层面上。我很喜欢人本主义心理学的一个假说——人生来就是有价值的，这个价值不是任何人给予你的，而是与生俱来的。当我在北师大学习心理学博士课程的时候，有一天，我问老师：您说人生来就是有价值的，可有什么科学的根据？比如说，在我们的大脑的某一区域，找到了有关的价值中枢？也许我是学医出身，对生理学、解剖学有着异乎寻常的爱好。

老师沉思了一下告诉我说，心理学和其他科学有所不同，它是建立在假说的体系之上的，比如，我们至今还不能在解剖学上找到人的"潜意识"或是"自尊"到底是由大脑的哪些细胞所管辖的，但是我们几乎可以确切地知道，它们肯定是存在的。也许将来的某一天我们能够找到，也许我们永远也找不到，因为这是无数大脑细胞共同工作的结果。

我坚定地相信人是有价值的，人是有能力的，人是能够成为自己的主人的。说了这么多，也许有同学要问，这个问题和我们的潜能有什么关系呢？

有。经过心理学家的研究，人的能力不仅仅是我们惯常知道的记忆能力、理解能力……一个人的学习成绩好不好，和这两种能力有很大的关系，但这绝不是一个人潜能的全部。你一定很想知道人类还有哪些潜能吧？

听我慢慢道来。

十九种潜能

丰富的潜能，如同汹涌的地下河，在我们所不知道的岩洞里流淌。根据美国人类机能研究室的报告，人具有十九种不同的自然天赋。让我选择其中的一部分罗列如下。

1. 归纳思考的能力

具备这种能力的人善于从一堆碎片似的事实中得出具有逻辑的结论。这种能力，对律师、研究学者、医生、作家或是评论员来说，都是非常重要的。因为这些工作都需要人很快地从特殊事物中找到普遍规则，用细节的片段拼接起一幅完整的图像。（毕老师想，那些物理、数学等科目成绩优良的人，也许这种能力就很优异了。也许有人会丧气地说，看起来我这方面的潜能不是很充沛啊……别着急，还有另外十八种能力呢，东方不亮西方亮，黑了南方有北方。）

2. 分析思考能力

这种能力强的人，能够很快地把概念和想法组织连接起来，也能把整体进行适当分类，适宜当作家、编辑以及程序设计师。长于举一反三，也能化整为零。

3. 对于数字的灵敏

这一项能力不是指我们的数学能力，而是指单纯地、技巧性地操作数字的能力。也许有的同学会说，如果对数学成绩没有帮助，这项能力有什么用呢？如果有这样的疑问，恰好就说明你把学习成绩当成了评定潜能的唯一标准。其实这项能力对行政和机械工作都非常有用，比如当秘书的人，就要对数字有很强的记忆能力，他们不是数学家，但是对数字很敏感，在需要的时候，可以脱口念出一长串数字。就像打字员，也许他们不能更详尽地思考那些字句的含义，但他们可以打得非常快，手指翻飞，如同蝴蝶一般。

4. 精密地使用小型工具的能力

我第一次看到这个能力的时候，不由自主地笑了起来。以前我不觉得这是一项很重要的能力，心想就是有些人比较细心而我比较粗心罢了，谁知道这也是天赋之一。在精密仪器和钟表修理，包括外科医生的领域里，这都是至关重要的才能。

5. 观察力

这个能力的测验方法说起来也很简单，就是先让你看一张摆满了家具的居室照片，然后再让你看起码10张同一居室的照片。这些照片大体上都是一样的，但其实每一张照片中都至少有一样东西是被移动和变换过的，就看你能不能识别出来。这种观察能力，对实验室的工作人员和画家、艺术家来说，都是决定高下的极其重要的条件。

6. 设计图记忆能力

这项能力是一个人记忆各种设计图形的能力，这种能力对设计图纸、画出蓝图来说，都是不可或缺的。

7. 音乐方面的能力，包括几个小项

（1）音调记忆能力

指的是对音调和声音的记忆能力。这是一项和音乐敏感度

有关的潜能。

（2）音准判别能力

（3）旋律记忆能力

（4）音色判断能力

8. 数字记忆能力

这是能够在脑中储藏多项事物的能力。毕老师当年看到这一条的时候，有恍然大悟之感。我从小就非常羡慕能同时记住好几件事的人，比如在电视剧中，可以看到有的人能够同时接听好几个电话，条理清晰，过耳不忘。要是我，早就眉毛胡子一把抓，煮成一锅烂粥了。原来不是我不努力，而是我不具备这项能力。难怪啊！

9. 数字思考的能力

这个潜能的测验针对的是你辨认几组数字之间相互关系的能力。如果你这项能力出类拔萃的话，承担电脑程序设计和保险公司精算师之类的工作，都会有独到的优势。

10. 语文能力

关于这一点，我就不用多说了。这项能力对翻译家、作家、老师、咨询师来说都是非常重要的。我有一年到亚洲一所很有名的理工科大学参观，因为是境外的学校，他们很重视学生毕业后的薪酬情况，还把毕业生的薪酬用专门的表格公布出来，那潜在的招徕词是在说：考我们学校吧，你看我们这里的毕业生工作之后，薪水是多么可观啊！我不由得驻足，看到了一些对我来说很陌生的行业，比如刚才提到的保险精算师，那时我根本就不知道这个行业是干什么的。校方人员以为我对此很感兴趣，就介绍说："这些新的职位收入都是很不错的。"我问道："既然是新的职位，学生怎么知道自己适不适合做这个工作呢？"校方人员很耐心地对我解释："我们会专门编写相关资料，介绍这些职业，让学生心里有数，看看是不是适合自己的爱好和能力。"说着，他给我递来了基本资料。

我随手打开一看，在基本要求一项中，都赫然列着语文能力优秀。

我对陪同者说："这我就有点不明白了，你们是一所赫赫有名的理工科大学，为什么对学生的语文能力有这么高的要求呢？"

校方人员说："是这样的，现在社会的节奏愈来愈快，交流变得尤为重要。正因为这些职业都是新型的，一般人对它们的了解比较少，这就更要求从业人员有把本行业的专业知识举重若轻、深入浅出地说明的能力。比如你在一家大公司任职员，你要让你的老板接受你的建议，没有良好的表达才能行吗？你设计了一个方案，要让你的同事们接纳，没有杰出的沟通能力行吗？特别是面对反对你的人，你要让他们明白你的真实想法，要穿越重重障碍，要让你的观点鲜明，立论坚实，说理充分，还要有文采、有章法，没有笔头、口头的扎实功力，是无法达到目的的……"

一席话说得我频频点头，我这个以文字为生的人，都不曾想得这般缜密。在这里将这番议论转述给各位同学，以供参考。

11. 远见能力

我很喜欢这个能力的名字。它是让心思保持在长远目标上的能力。最需要这种能力的有社会科学家、外交官、政治家、市场分析研究人员、行销预报人员，等等。依我看，这种能力的核心意思与咱们俗话说的"事后诸葛亮"正相反，是指事先的远见卓识。我原来以为这种能力全是后天培养锻炼出来的，学习了有关能力潜能的知识之后，才知道原来它也和天赋有关。

12. 颜色感知的能力

就是分辨颜色的能力。我觉得这一条比较容易理解，有些行业很明显地需要从业者对颜色高度敏感，比如服装设计师、画家、艺术家、舞台美工人员等等。

13. 图表能力

这个能力让人一下子不容易抓住要领，其实说白了，就是高速分辨和处理文书的能力，据说也和一个学生在校时能否取得好成绩密切相关。

14. 创意思维能力

表示一个人的创造性和表达形式的能力。这项能力发达的人对广告、教学、公共关系和新闻采编这些领域的工作，有着如鱼得水般的适应。

15. 结构视觉化能力

这项能力就是把固体视觉化及运用三维空间思考的能力。这一类能力发达的人不大善于进行抽象的思考，但对具体事务有很高的敏感性。在建筑师、工程师和技师等行业中，这可是极重要的天赋。

还有几种关于潜能的测定，我就不一一列举了。

据说很少有人具有七种以上上述的能力，但具备三四种是很普遍的。这就是说，除了与学习成绩相关的天赋以外，我们还有广阔的领域有待发掘，还可以发展自己的潜能。

也许你会说，我怎么会知道自己到底有多少潜能呢？在"掌声响起来"这个游戏中，我觉得还有一点启示有些同学没有注意到。

这就是，你用力了吗？

可以试想一下，那个写下数字 10 的同学，如果他不用力鼓掌，会是怎样的情况呢？那他就会真的只鼓 10 次掌，千真万确的。如果谁要对他说，你本来可以鼓更多次掌，他会说，不可能，我不会鼓更多次掌的，我的能力只有那么一点点，我已经尽力了，你们不要再逼我了，再逼下去，我就会崩溃，我索性不想活了……

也许我说得有点极端，但在我们身边，的确是可以看到很多这样的例子。他或她悲观怯懦，谨小慎微，总觉得自己没有力量迎接挑战，在风浪中总是扮演着退缩者的角色。

如果你真的这么悲观，你就永远也无法释放出禁锢在自我枷锁中的能量，你鼓掌的次数就真的会很少，因为你已经为自己划定了窄小的圈子，你在圈子当中怨天尤人，却不知催促你快马加鞭前进的号角就背在自己身上。如果你总是觉得自己不行，你就真的会不行，这是一种消极暗示，它的魔力也是很大的，会把你的一生分解得支离破碎，遮盖得暗淡无光。

成为你所期待的那个人

让我再来给你讲个小故事。

在一次马拉松比赛上，大家都在摩拳擦掌。各个选手心中的目标是不一样的。上届的冠军心想，我只要能比自己以前创造的记录减少一分钟就是胜利，毕竟年岁比以前大了，如果纪录刷新了，就是胜利。另有一个第一次参加比赛的年轻人，心想：我对自己可没有什么太高的要求，我从来没有参加过马拉松比赛，这次能够跑下来，就很不简单了。跑下全程就是胜利。

第三个参加比赛的人是个病恹恹的老人，他的想法是，我肯定跑不到终点，我的年纪大了，身体也不好，参与就是胜利，跑到哪里算哪里，保重身体是第一位的。大家各就各位时，有一个过路人走到这里，问道："这是干什么？"别人告诉他说，这里马上就要开始一场精彩的马拉松比赛。过路人说："我可以参加吗？"组织者说："我们欢迎大家来参加这项活动。"正在这时，发号枪响了，大家像离弦之箭一样冲了出去，过路人也夹在其中。

比赛结束了，大家猜一猜结果如何。我要告诉大家的是，所有的人都达到了自己的目标。前马拉松冠军真的把自己创下的最好成绩减少了一分钟。那位第一次参赛的年轻人，顺利地跑完了全程。那位身体不佳的老人在跑到三分之一赛程的时候，退出了比赛，但大家也都很钦佩他，因为天气很热，这对他来说已经很不容易了。那位勇敢的过路人，则得到了这次比赛的冠军，他什么思想负担也没有，只抱定了一个信念，就是尽自己的全力。他也创造了本地马拉松比赛的最新纪录。

这个故事没有曲折的情节，结尾也没有任何悬念，但却证明了一个很朴素的道理——你会成为你所期望的那个人。

也许有同学会说，不一定吧？

这当然不是说，你只要躺在那里一味空想就可以达成目标，而是要付出艰苦的努力。但第一个要点是你要有志气，要勇敢，要对自己高标准严要求。第二要像那个过路人一样，心无旁骛地全力去跑。

现在回到咱们这个"掌声响起来"的游戏中。毕老师要提醒大家一句，因为你是尽力去鼓掌了，你就把自己在鼓掌这方面的潜力发挥到了极致。（毕老师也不知道这世界上有没有鼓掌才能，姑且这样说吧。）在这样一件司空见惯的事情上，在我们每日无数次摩擦的双手之中，居然都蕴含着你我所不知道的潜能，只要你尽全力去做，你就会看到数倍于你的估计的结果出现。关键就在于你是否"竭尽全力"！

我们也可以换个角度想一想。如果有人让大家在纸的左上角写完预想数字之后，补充说一句："现在开始鼓掌，每个人都尽量和自己写下的数字相符。"你估计结果将会怎样？

你可能会说，那我们再也不会鼓出很高的数字，每个人的鼓掌次数都会和自己写下的数字相差很少。

这就是问题的症结，这就是自我期待的魔力。按照心理学的研究来看，其实我们的身体、我们的内心，一直在倾听着思想和意志的决定，在某种程度上讲，它们既忠诚又愚昧，或者说干脆就是愚忠。为什么这么说呢？人们平日所做的事，有些在意识层面，比如咱们看书、说话、上台舞蹈，这是受意志支配的。有些则在潜意识层面，比如你并不能控制你胃肠的蠕动，也无法决定你在夜间睡着以后的呼吸频率，身体里都有一套程序自动控制了。这些部门尽职尽责，虽然不说话，但它们揣测着你的意思，主动地配合着你，赤胆忠心啊！

如果你对自己提出了很高的要求，它们也会殚精竭虑地为此努力，将身心调整到最好的状态。如果你三心二意的话，它们也就真的懈怠起来，以为这才是为你服务。

以上的道理讲得有点深了，我们就此打住。希望同学们相信自己的潜能，相信自己的价值。因为你的力量，常常比你自己估计的要大得多，就像一块璞玉，不经琢磨，你无法全面地看到它灼目的光辉，然而让它闪光的唯一方法，不是等待，而是打磨。如果你哪一天灰心丧气了，就看看你的这张纸，看看你写在左上角的数字，再看看你写在纸中央的数字。记住，你的潜能就像深藏不露的泉水，如果不去挖掘，你就无法知道它究竟能不能成为一条汇入大海的浩瀚河流的源头。

4

红
丝线

咱们下面玩的这个游戏叫作"红丝线"，第一次和朋友们说到这个游戏时，有人打趣道，是不是月下老人用的那种红丝线啊？这个游戏是不是和男生女生交朋友有关啊？

　　我第一次看到无数红丝线，还真是在月下老人那里。海外的一座小岛上，有一尊月下老人塑像，古装长髯、白发飘飘，真有几分仙风道骨的模样。他的双手手指上都缠绕着蛛网似的红丝线，那丝线随风荡出很远，让这位慈眉善目的老大爷从胸前到脚下一片网状的鲜红，好像穿了一件奇异的、褴褛的红袍子。我问："这位月下老人打算把红丝线送给谁啊？"陪同参观的朋友笑起来说，红丝线不是月下老人的，老人原本两手空空。红丝线都是恋爱中的男生女生自己前来缠在月下老人手上的，希望这位老人保佑他们幸福，他们是想用红丝线拴住另一方的心。

　　我从此记住了红丝线。在游戏的时候，就用了这名字。它的内容和异性无关、和恋情无关，只和自己有关，且密切相关。

　　闲言碎语不再说了，咱们开始介绍游戏的玩法。既然叫作红丝线，当然就要有这件道具了。你要去找一个缠着丝线的线轴，越长越好。如果你找不到红丝线，那就跟妈妈要一段红毛线好了。长度也要足够，最好是要整个的线团。你可能要问，具体要多长啊？这点请原谅，我不能告诉你，只是要很长很长。我再次提醒一下，准备工作挺重要的，如果做得不够好，游戏的结果就可能打折扣了。如果你说我有现成的毛线团，可它不是红色的，是蓝色的。这一点倒是可以通融的，红色、蓝色可以变更，但线要足够长。

　　其他的绳子也成，可能比丝线还要好用些。因为丝线太细了，容易缠在一起。还需要一把剪刀，如果没有剪刀，用普通的刀子也可替代。还需要一把小尺子。

　　现在，万事俱备，游戏可以开始了。

　　先请你剪下一段15厘米长的红丝线。注意啊，我说的数字很精确，但是不许你用尺子量，只用眼睛目测一下就请动手剪下来，然后放在一旁。我们姑且把它称作"红线1号"。

再请你剪下一条2.5米长的红丝线，就叫它"红线2号"，也放在一旁。

再请你剪下一条13米长的红丝线，也就是"红线3号"，也请放在一旁。

现在，你已经有了三条红线，下一个步骤是用尺子量一下你剪下的每段线的实际长度，计算出和标准长度的误差。比如说需要13米长，你剪出的只有11米，那误差就是2米。

这是一个简单的游戏，到此为止，这个游戏的操作部分就已经完成了，剩下的就是你的发现和思索。很多同学做过这个游戏，有一个普遍规律就是，当要求你剪下的红线长度比较短的时候，误差就比较小；当长度增大之后，误差也就加大了。也就是说，红线1号还是比较接近规定长度的；到了红线2号，误差就大了一些；到了红线3号，误差就更大了。

这说明什么？

答案很简单，就是说我们订立目标，短期的、近期的、具体的，比较容易办得到。如果目标太大了，就容易出现偏差，达成的难度也会大一些。

也许有同学会问，你为什么想让我们做这个游戏啊？是啊，我也问过自己，为什么呢，也许这个游戏来自某次和同学们畅谈理想时的某种惊奇的心情。

"我有一个理想"

　　那次我请同学们以"我有一个理想……"为起头，写下自己的愿望。有一个同学举手，说，如果我的开头写成"我有一个梦想……"行吗？我说，当然行了。这是一个极好的创意，少年是一个梦想的年代，梦想比理想有更蓬松的羽毛，也许可以让你直上九霄。

　　当时会场里有 3000 名同学，大家埋头唰唰写下自己的理想。写完之后，老师们端着大纸盒子在礼堂的过道中行走，将写满同学们的理想和梦想的纸条收拢起来，拿到后台紧急分拣，并将其中最有代表性的纸条递给我，希望我能做出评价。

那天关于理想和梦想的对话进行得饶有趣味，大家都很开心。散会之后，有一位负责整理同学们纸条的老师对我说，有一些条子很好笑，我们整理的时候，就没有给您递上去。我不由得好奇道："那是一些什么样的条子呢？"因为据我的记忆，让我当场展开的条子中，有想当崂山道士能飞檐走壁的，有想变成一只鸟飞到世外桃源的，有人的理想是变成自己的爸爸，还有人的理想是当太空人遭遇 UFO……五花八门、匪夷所思，我真想不出来还有什么更奇妙的理想或是梦想了。那位老师吞吞吐吐地说，有的条子上写的是："我有一个梦想，是有一天得到诺贝尔物理学奖……"我拍响双手叫了一声，说："太好啦！"老师在厚厚的镜片之后眨了眨眼睛，说，还有呢。有的条子上写的是："我有一个梦想，是有一天得到诺贝尔生理学或医学奖……"我说，这也非常好啊！为什么不把这样的条子转到我手上，如果我在台上念了出来，对大家不是很大的鼓舞吗？

老师搓着手说，是啊，我们看到第一份这样的纸条的时候，也很兴奋，但很快兴奋就保持不住了。因为在五十份写有理想和梦想的纸条中，有四五个都是要得诺贝尔奖的。按这个比例算下来，我们这所普通中学里，有上百位同学打算得诺贝尔奖呢！

　　我想还是以鼓励为主，就说，想得奖的人多，说明孩子们有志气，这也很好啊。该老师咂咂嘴继续讲：虽然这些梦想和理想都没有署名，但其中一张纸条上的字迹我还是能认出来的，是我班上的一名同学写的，要知道，他平常连作业都不能按时完成，基础知识更是一塌糊涂，凭什么得诺贝尔奖呢？理想远大固然好，但也要脚踏实地啊。我之所以不把这些想得诺贝尔奖的纸条拿给您看，是怕您不了解学生们的情况，盲目鼓励，结果同学们更多了好高骛远、夸夸其谈的毛病，而少了循序渐进、稳扎稳打的实干精神。而且毕老师你不要笑话我的学生，在一次主题班会上，大家畅所欲言，居然有好几个同学谈到了要成为世界首富——注意，是首富，不是一般的富翁。我们且不说这个目标是不是健康，只是问起他们要达到梦想需要做什么样的努力和准备时，大家都一脸茫然。毕老师，在这种情况下，我就把所有写着想得诺贝尔奖的纸条子都给"贪污"了……

　　那一刻，我无话可说。我当然可以反驳该老师的观点，说梦想和理想是如何可贵，但我不能否认，一步一个脚印才能为这些理想筑起坚实的基石。

　　当我把这个红丝线的游戏过程写在一张纸上，交给若干位老师，请他们带领同学在班上做一做时，我不知道同学们是否会喜欢这个游戏，也不知道会出现什么样的结果。我给老师们写了一封信，在信中我说：老师们，你们辛苦啦！你们带领同学们完成了红丝线的游戏，我渴望得知以下内容。

1.同学们的误差大约在怎样的范围？有没有特别准确的同学？他是怎样的性格？为什么会把握得这样好？

2.剪出的线总是比标准要短的同学大概占多少比例？剪出的线比标准更长的同学多吗？占多少比例？他们的性格有区别吗？

3.同学们能把这样简单的游戏和人生目标的确立这样严肃的问题联系起来吗？会不会觉得小题大做？

4.这个游戏好玩吗？很希望您能设计出比这好的游戏来。

我衷心地感谢组织同学们完成这个游戏的老师。他们在百忙之中给我回了信。其中一封信是这样写的：

同学们的误差大约在 −2 米至 +2 米之间，共有 30 位同学参与测试，只有一位特别准确的同学。他的性格属于自信型，他做任何事都力争坚持到底，不会反悔，是个坚强、开朗、勇敢、有计划性、做事有尺度的幽默男孩。他通过平时的积累和认真的目测来把握线的长度。

剪出的线总是比标准短的同学大概占了 35%，剪出的线比标准更长的同学较多，占了 65% 左右。

剪出的线比标准短的同学大都对自己缺乏自信，对生活的态度有些悲观，不积极，甘于平凡，注重别人眼中的自己，内心复杂，有心机，表里不一，但对自己要求高，不会好高骛远，一般只做对自己有益的事，对事待人均较谨慎，要求有平等的回报。

剪出的线比标准长的同学，性格开朗，自信心和自尊心强，不想受到别人的约束，做事情耐心不够，不能持之以恒，为人马虎粗心、浮躁不定，对新鲜事物比较感兴趣，喜欢幻想，常给自己定下很多的目标，生活自主、乐观。

下面再附上一篇同学写的小文章。

我剪红丝线

　　这是一堂与众不同的课，一堂不是为考试而学习的课。我们都期待着老师的到来，她会给我们带来什么呢？教室里静悄悄的，弥漫着一丝神秘的气息。昨天，老师要我们今天带上剪刀和尺子，却不说是用来干什么的，大家心里的那个问号挂了一整天，同学们做出了各种猜测。现在谜底终于要揭晓了。

　　老师像平常一样走进了教室，手里提着一个塑料袋，黑乎乎的，神秘感再次升级，所有的目光都聚焦在老师和袋子上面，大家不约而同地鼓起了掌。老师放下袋子，脸上掠过一丝神秘的笑容，说："看来大家对我们今天要玩的游戏都很期待呀。"

黑色的袋子揭开神秘的面纱，原来里面是一捆捆红丝线。老师让我们目测长度分别为15厘米、2米和10米的红丝线，然后用剪刀剪下来，再用尺子量一下线的真实长度。同时老师还在投影里演示出一系列的问题，大概内容就是老师希望从我们的游戏里得到哪些结论。这时候，大家都犯难了，15厘米还好办一点，2米也勉强能目测得出，10米怎么能目测得出呢？经过一番衡量，我剪出了目测的15厘米和2米，再用尺子量，分别差2厘米和20厘米，这种结果，也算在我的意料中。到了量10米的时候，我真的是一点把握也没有，只好抽出一段差不多的红丝线来剪断。用尺子量一下，9.5米，差了50厘米。再看看周围的同学，有的是8米多，有的是9米多，居然还有同学剪出了13米，引起哄堂大笑。做完这个游戏后，老师问我们能不能从中得到什么启发。这下子我真的是丈二和尚摸不着头脑了，剪一段绳子也有学问？同学们议论纷纷，但好像没人能参透个中玄妙。这时老师发话了："大家剪出来的红丝线是不是要求剪得越长的误差就越大？"我们异口同声地回答："是。""其实，这剪红丝线和我们订立目标是一样的。我们订立目标一定要符合实际情况，切忌好高骛远，但并不是说不可以有远大的理想，而是说，实现理想的过程一定要一步一个脚印，目标定得很高，失望也会很大。不如慢慢来，一点一点积累，给自己订一个短期目标，达到目标后再订新的目标。希望大家能够记住我今天对你们说的话，从现在起就给自己订一个短期目标，去追逐梦想的风帆。"台下响起一片掌声。我恍然大悟。梦想不是空话，它是由目标堆砌而成的。

上完了这堂特别的课，有一个声音在我心里呼喊：相信自己。困难是试过之后的体会，如果连试都没试过，何来困难？就让我在梦想的驱动下，寻找自己的未来天堂吧。

我相信，我一定能看见雨后清爽的彩虹。

被撞伤的小姑娘

下面我再来现身说法，做个反面教材吧。

很多年前，我当实习医生的时候，天天想着能学会让人起死回生的神奇医术，对每天川流不息的感冒、肠炎病例厌烦透了。我心想，感冒有什么好看病的，太简单了，无非是发烧就吃阿司匹林，不见效就再吃一片阿司匹林（那时还没有现在这样名目繁多的药片，阿司匹林就是最好的感冒药了）。至于肠炎嘛，就吃黄连素好了，不见效，就再吃一包。我天天巴望着来个疑难杂症，最好是危在旦夕的病人，让我有机会施展妙手回春的医术。我每天这样苦苦地琢磨着，埋头看大部头的医学著作，期待着成为神医。

有一天，来了一位被卡车撞伤的小姑娘。我看她自己走着进来的，心想肯定是皮外伤，擦点红药水、紫药水就没事了，最严重也不过是用绷带缠一缠，等着伤口慢慢长好就是了。我这样想着，草草地给她做了检查，然后写了病历，把病人安置之后就回去睡觉了。一觉醒来，老医生对我说，你的病人疼得一夜都没睡着。直到这时，我还漫不经心地说，小女孩一般忍耐力比较差，再加上被车撞了受了惊吓，没有睡着也算正常现象。可惜我夜里不知道，要不然我给她开点镇静安眠药，她就能睡着了。老医生很严厉地对我说，幸亏你没有开镇静安眠药，要知道你的病人骨折了，而你根本就没有检查出来。

老医生说着打开了我写的病历，指着我写下的"四肢活动自如"说，当时小姑娘的胳膊一动都不能动，你怎么能说病人活动自如呢？一个医生，怎么能如此不负责任呢？！

我羞愧至极。我看到小姑娘快步走来，就先入为主地认为她不会有很重的伤，检查得十分潦草，连骨折都没能发现，让病人遭受了更多的痛苦。我真是无地自容啊。

老医生语重心长地对我说："我把巴甫洛夫给青年人的一封信送给你吧，年轻的女医生，你好好看一看。"

我看完了巴甫洛夫的信，现在，我把这位科学家的信转抄在这里，请同学们也看一看。

什么是我对于我们祖国献身科学的青年们的希望呢？

首先是循序渐进。

无论在任何时候，我都不能不心情激动地谈到这种成效卓著的科学工作所应具备的最重要的条件。循序渐进，循序渐进，再循序渐进。从一开始工作起，就要在积累知识方面严格地养成循序渐进的习惯。

你们在想要攀登到科学顶峰之前，应先通晓科学的初级知识。如未掌握前面的东西，就永远不要着手做后面的东西。永远不要企图掩饰自己知识上的缺陷，哪怕是用最大胆的推测和假设作为借口来掩饰。不论这种肥皂泡的色彩多么炫目，它都必然是要破裂的，于是你们除了惭愧以外，是会毫无所得的。

要养成严谨和忍耐的习惯。要学会做科学中的细小工作。要研究事实，对比事实，积累事实。

无论鸟翼是多么完美，如果不凭借着空气，鸟永远不能飞翔于高空。事实就是科学家的空气。你们如果不凭借事实，就永远也不能飞腾起来。如果没有事实，那你们的"理论"就会成了虚妄的挣扎。

但是在研究、实验和观察的时候，要力求不停留在事实的表面上。切勿变成事实的保管人。要洞悉事实发生的底蕴。要坚持不懈地寻求那些支配事实的规律。

第二是谦虚。

无论在什么时候，永远不要以为自己已经知道了一切。不管人们给你们的评价有多高，你们永远要有勇气对自己说：我是个毫无所知的人。

切勿让骄傲支配你们。由于骄傲，你们会在应该同意的场合固执起来；由于骄傲，你们会拒绝有益的劝告和友好的帮助；而且由于骄傲，你们会失掉客观的标准。

在我领导的这个集体内，是互助气氛解决一切。我们大家都被联系到一件共同的事业上，每个人都运用他自己的力量和可能性来推进这件共同事业。我们往往不分什么是"我的"、什么是"你的"，然而正因为这样，我们的共同事业才能赢得胜利。

第三是热情。

切记，科学是需要人的毕生精力的。假定你们能有两次生命，这对你们来说也还是不够的。科学是需要人的高度紧张和很大的热情的。在你们的工作和探讨中要热情澎湃。

我们的祖国给科学家开辟了广阔的前途，应该说，我国正把科学广泛地应用到生活中去，简直达到了最广泛的程度。

关于我国青年科学家的地位还有什么可说的呢？要知道这

方面的情形是非常明显的。对你们供给的多，但给你们提出的要求也多。不论就青年们说，还是就我们说，都要对得起我们祖国寄予科学的厚望，这乃是有关荣誉的问题。

老医生把这篇文章递给我的时候，文章有一个名字，叫作"巴甫洛夫致青年科学家的一封信"，我之所以把这封信保存了很久，一是因为这封信对当时年轻气傲的我好似一剂清凉药，让我警醒和努力。二是因为我很喜欢这封信的题目——致青年科学家的一封信。我喜欢青年科学家这个称谓。

现在，我早已不再属于青年，我把这封信转交给你们，未来的青年科学家或是其他的专家们，如果你嫌这封信太长了，你只要先记住四个字——循序渐进，然后还有谦虚、热情。

分解目标

我再来讲一个分解目标的小故事。

一个热气球探险专家计划从伦敦飞往巴黎。他对自己此次的航空计划做了以下分解：第一，我希望自己能顺利地抵达巴黎。第二，能在法国着陆就很不错了。第三，其实只要不掉到英吉利海峡里，我就心满意足了。

我们把目标分解之后，还要有锲而不舍的精神。南非女作家戈迪默，15 岁就发表了自己的第一部小说，轰动文坛。之后，她相继写出了 10 部长篇小说和 200 篇短篇小说。曾几次被提名为诺贝尔文学奖的候选人，但是都在最后关头被淘汰了。戈迪默毫不气馁地说："我要用心浸泡笔端，讴歌黑人的生活。"并在自己新著的扉页上写下了这样的话："内丁·戈迪默，诺贝尔文学奖"。在后面又打上了一个括号，括号内写着"失败"。她不懈地努力着，终于在 1991 年获得了诺贝尔文学奖。

也许有同学要说，举了那么多距离我们很遥远的例子，说说我们身边的事好吗？

好啊，咱们听听一位高考状元的心得。

很多时候，好东西是强求不来的。它总在无意之中降临。不必太在意结果，只要曾经努力，曾经付出，就可以问心无愧了。这中间有一个道理，是我在长跑之中悟出的。当我定下一个目标，比如说是 10 圈吧，如果我总想着尽快达到这个目标，那么我就总会问自己，怎么还不到啊？马上就觉得很累了，并产生要放弃的念头。相反，如果我完全不去想那个目标，而只是想，让我跑到前面那棵树跟前吧，让我跑到前面那块石头上吧，或者只是看着蓝天或是自己的脚下，只顾一步一步地向前跑去，那个预定的目标就会不知不觉地达成了。事实上，前面心浮气躁，自己觉得很累，付出的努力还是很少的。而后面那种状态时心态很平稳，在不知不觉中，付出的努力就已经很多了，人却不觉得累，甚至在成功之后，还有浑然不觉的感觉。

讲得可真好，连毕老师都羡慕不已，好一个浑然不觉的成功，这不正是循序渐进的魅力所在吗！

二月河是位著名作家，他创作的3部长篇小说《康熙大帝》《雍正皇帝》《乾隆皇帝》享誉海内外，得到了无数人的赞赏。根据他的小说改编制作的电视连续剧更是反复热播，亿万民众争相收看。

3部大书共530万字，这要付出怎样的劳动和怎样的坚持才能完成？同学们可以设想一下，就让你把530万个同样的字写一遍，都要耗费多少时间和心血，而二月河还要构建起复杂的人物关系和故事，还要写出对历史的真实再现和深刻的思索。对于写作，二月河有个生动的比喻，他说写作就像是独自穿越沙漠，四周空旷而寂寞，没有一个人，到处都是无语的沙子。有些地方写起来很困难，就像陷在沙堆里了，坚持下去，前面就有一片绿洲在等着你。二月河说写作是一种资源的消耗，既是体力的消耗，也是脑力的消耗，同时也是知识的消耗、感情的消耗。资源当然是越消耗越少。要想补充资源，让资源再生，只有不间断地学习。二月河爱读书是出了名的，多少年以来，他几乎从未在夜里一点钟之前睡觉，时间都用来读书写作了。

在一次聚会中，导演陈凯歌和夫人陈红问了二月河一个问题，大意是你靠什么取得了成功呢。二月河说，我现在多少有了一点名气，但我对名气看得很淡。我有一些才气，但是不大，因为我留过三次级，如果我有很大的才气，怎么还会三次留级呢？（二月河曾经留过三次级，到了 21 岁才高中毕业。）我有好运气，在我人生的关键时刻，总会有人出来帮我，改革开放又为我提供了比较宽松的创作条件。最主要的是，我是靠力气写作的，这才是最重要的。一个人无论多笨，只要认准一件事，每天干十几个小时，这样坚持一二十年，总会弄出一点东西来。

这就是循序渐进的力量，这就是持之以恒的力量。二月河的朋友把二月河成功的"四气"概括成了一个简单的公式，写在这里，与大家共勉。

名气＝才气＋运气＋力气

记住，罗马城不是一天建造起来的，红丝线不要一下子拉得太长。

跛足而不迷路的人，能超过虽健步如飞却误入歧途的人。

——培根

既异想天开，又实事求是，这是科学工作者特有的风格。

——郭沫若

思想要奔放，工作要严密。

——童第周

读书之法，在循序而渐进，熟读而精思。

——朱熹

学到很多东西的诀窍，就是不要一下子学很多东西。

——洛克

期待着以上这些话，就像你的红丝线上穿的珠子，能够在暗夜中照亮你前进的方向。

5 属于你的
成语

看了这个题目，你可能要叫起来，哪个成语是属于我的呀？一个人怎么能有一个属于自己的成语？你的话没有错，且听我慢慢道来。此时此刻，你的确还没有一个属于你的成语，但这个游戏做完之后，你就有了属于自己的成语。当然了，是非专有使用权，你享有这个成语，别的人也依然可以用。

严格地说起来，这好像算不得一个完整的游戏，因为它实在是没有多少环节，更多的是需要你一个人去思考。我几次想把它从游戏中淘汰下去，改换一个更热闹、更有趣的游戏，但是都被做过这个游戏的同学劝阻住了。他们说，毕老师，你不要太小看我们了，以为只有欢歌笑语、趣味横生的游戏我们才喜欢，其实，我们也有心事，也有自己的烦恼和惆怅。把这个游戏留下来吧。

　　我半信半疑地留下了这个游戏，咱们下面就开始做。不过咱们有言在先，如果你不喜欢，如果你做完之后没有得到预期的快乐，可别怪我，只能怪那些和你一样大的伙伴们。毕老师不是推卸责任，只是立场不坚定，耳朵根子有点软而已。

　　说了这许多，主要意思是请同学们多多包涵，这个游戏比较冷清，但只要你细细挖下去，也许会有一块亮晶晶的钻石等着你。它本来就是你的，只是此刻正在泥土中打着瞌睡，等待着你的挖掘。

形容你自己

　　材料准备：一本成语词典，一张白纸，一支笔。

　　成语是什么东西，想来同学们都很熟悉。但熟悉不一定意味着理解准确，我们还是从词典里查查成语的定义吧。

　　成语：（在词典中是这样说的）人们长期以来习用的、简洁精辟的定型词组或短句。汉语的成语大多由四个字组成，一般都有出处。有些成语从字面上不难理解，如"小题大做、后来居上"等。有些成语则必须知道来源或典故才能懂得意思，如

"朝三暮四、杯弓蛇影"等。(以上解释见商务印书馆的《现代汉语词典》)

好了，咱们这就开始。请打开成语词典，找到五个成语，来形容一下你这个人。要有特色，也就是说，一个不认识你的人，看了你的词，要对你有一个初步的印象。这五个词里，要有一个形容自己长相的词，要有一个形容自己性格的词，要有一个形容自己最大的优点的词，要有一个形容自己缺点的词。最后一个词，是描绘自己理想的词。如果你找不到形容自己优点的词，就用另外的词来代替。

怎么样，听明白了吗？听明白了，咱们就开始。

稍微打个岔，请大家看一篇小文章，是我以前有感而发写下的。先给大伙打个预防针，但愿不要有这样的事情发生。

优点零

一位做儿童心理研究的朋友告诉我，他发给孩子们一张表，让每人填写自己的优缺点和美好的愿望。孩子们很认真地填好了，把表交上来。他一看，登时傻了眼。

很多孩子填的是：优点——零。愿望——零。

世上是否存在没有优点的成人，我不敢妄说。但我确知世上绝无没有优点的孩子。我或许相信世上有丧失愿望的老人，但我无法想象没有愿望的孩子，将有怎样枯萎的眼神。

（不知道愿望和优点这两样能激励人的重要因素，假若排出丧失的顺序，该孰先孰后？是因为丧失了愿望，百无聊赖，才随之沉沦，成为没有优点的少年？还是一个孩子首先被剥夺了所有的优点，心如死灰，之后再也不敢奢谈愿望？也许它们如同纠缠在一起的铅丝，分不出谁更冰冷僵硬。）

没有愿望的世界，必是一个死寂的世界。孩子不再期望黎明，因为每一天都被功课塞满，晴天看不到太阳，阴天见不到雪花，日出日落又有何不同？他们不再留意鲜花，因为世界一片苍白，眼中温暖的色彩暗淡了。他们不再珍视夜晚，因为厚重的眼镜遮挡了星光，即使抬头也是泪眼朦胧。他们不再盼望得到师长的嘉奖，因为那不过是成人层层加码的裹了蜜糖的手段……

没有优点的孩子，内心该多么痛楚？我见过一个胖胖的男孩，当幼儿园老师第一次问：谁觉得自己是个美男子？他忙不迭地从最后一排挤到前面，表示自己属于其中一员。可惜他紧赶慢赶，还是晚了一点，另有好几个男孩抢在前面，在老师面前自豪地排成一排。没想到老师不屑地对他们说，还真有你们这么不知天高地厚的人，竟觉得自己是美男子，臊不臊啊？！后来，那几个男孩子，开始为自己的容貌自卑，无法像以前那样快活。

这是一个简单的例子，但也可说明一点问题。每一个渐渐长大的孩子，如果成人爱他，他也会认为自己是可爱的。他会感觉到自己是天地间的一个宝贝，他的生命的存在就是一个大优点。假若成人粗暴地打击他、奚落他、嘲讽他、鞭挞他，那脆弱的小生灵，就会被利剑截断双翅，从此萎靡下来，甚至会跌落尘埃，一蹶不振。

看不到自身优点的人，必也看不到他人的优点。他们的谦恭，可能是高度自卑下的懦弱。他们的服从，可能掩饰着深刻的妒忌和反叛。他们的忍让，可能埋藏着刻毒的怨恨。他们的赞美，可能表里不一、信口雌黄……

我认为愿望是人生强大的动力之一，假若人类丧失愿望，前进的引擎就会随之熄灭。因为有跑的愿望，人们有了汽车。因为有说话的愿望，人们有了电话。因为有飞的愿望，人们有了卫星。因为有传递和交换的愿望，人们有了互联网……

优点和愿望，是孩子们的双腿。希望有一天看到他们填写的表格上写着——优点多多，愿望无限。

他、她、他们的精神画像

好了，咱们这就开始做游戏喽！

同学们翻开成语词典，找到让你心仪的词。也就是说，在茫茫词海中，会有那么一个词让你心里怦然一动，好像它是你的熟人，好像它已经在那里等了你好久，好像它就是为你预备的，只待这一刻和你重逢。

感谢众多同学对毕老师的高度信任，他们把自己的答案寄了来，每当我从特快专递的邮递员手中接过那淡蓝色的信封之时，都感到了滚烫的热度。因为这里装的不是普通的信件，而是一个个少年为自己画下的精神画像。依据着他们绘出的图谱，我们能在人海中找到一张张青春的面孔。

现在，让我把从他们信件中摘抄的有关词语写在这里。

某男生：

形容长相的成语：可圈可点

毕老师认为这是一个绝妙的说法，既含蓄又让人生出良性的遐想。

形容性格的成语：急公好义

毕老师怎么觉得有点侠客风度，不由得想起了及时雨宋江。

形容最大优点的成语：胆大心细

好！

形容最大缺点的成语：优柔寡断

刚开始毕老师有点不解，觉得一个胆大心细的人不应该优柔寡断啊。后来一想，嗯，也有可能。一旦做出决定，该同学就不再犹豫了。

形容理想的成语：国之栋梁

毕老师心中充满了钦佩。祝愿你实现自己的宏伟理想。毕老师特别努力地记住了这位同学的名字，心想再过若干年，有可能在英雄榜上看到这个名字！

某女生：

形容长相的成语：满园春色

形容性格的成语：沉默少语

毕老师略生遗憾之感。很喜欢满园春色这个词，眼前出现的是一位默默含笑的女生。不妨多讲些话，把你的快乐和活力带给更多的人。

形容最大优点的成语：静如处子

毕老师看到这里，有点疑惑。如果是一个生猛壮汉静如处子，可以成为难得的优点，因为壮汉通常是莽撞和急躁的。但本来就安静得很，再加上前述的沉默少语，我看，这个优点是不是稍稍退居二线较好？即使还保存着这个优点，也不要位居第一。不然在这个充满竞争和挑战的时代里，太安静了，可能会给你带来不便。当然了，如果你要保留自己的意见，也是完全可以的。

形容最大缺点的成语：面慈心软

毕老师觉得这位同学很有自知之明。还没看到这里的时候，毕老师就想，一个这么善良又安静的沉默女生，可不要受人欺负。看到这位同学说到自己的缺点是"面慈心软"，毕老师反倒松了一口气。一个人知道了自己的弱点在哪里，其实就有了战胜它的力量。

形容理想的成语：飞上枝头变凤凰

毕老师一下子有点反应不过来，不知道这位同学指的"凤凰"到底是什么意思，想来是获得灼目的美丽，站在一览众山小的高度吧。不是高高在上，傲视群雄的意思吧？毕老师喜欢凤凰，也喜欢普通的小鸟，它们一道构成了多彩的世界。

某男生：

形容长相的成语：独树一帜

这个词用得好。也许这位同学的长相不是特别完美，但很有自己的特点。我们每一个人都是不同的，独树一帜就是特征。

形容性格的成语：远见卓识

形容最大优点的成语：感恩图报

形容最大缺点的成语：自作多情

形容理想的成语：长风破浪

毕老师看了这位同学对自己的描述，很想结识他啊！一个卓尔不群、有理想、有抱负的青年形象呈现在眼前。只是对形容自己最大优点的成语——感恩图报，应再斟酌一下。咱们中国人是讲究报恩的，有一句流传很广的话，叫作"受人滴水之恩，当涌泉相报"，可见这是深入人心的美德。中国文化把忘恩负义视作极端恶劣的品行，恨不能"杀无赦"。但我总想，在报恩之前，还是要过过脑子，不要把一己所受的恩情放大成行动的指南，不要让江湖义气蒙蔽自己的双眼。朋友曾经施恩与你，你可以铭记在心，但不必把它变成负担。大恩不言谢，真正的恩情是无法回报的。恩情不是一张长期储蓄存单，在若干年后要用加倍的利息偿还，而是一种精神的爱和援助，有时也包含着经济和体力的支撑。一颗年轻的心，会对友爱和援助有刻骨铭心的记忆，但恩情不能成为我们的包袱，不能为了报恩而放弃自己最重要的目标和准则。

咱们再来看一位同学的自我描述。

形容长相的成语：乏善可陈

形容性格的成语：后发制人

形容最大优点的成语：引而不发

形容最大缺点的成语：一贫如洗

形容理想的成语：整装待发

不知同学们看了这幅自画像之后做何感想，毕老师心中百感交集。特别注意到了在五个成语中，有三个成语都带了个"发"字。先是性格的"后发制人"，然后是优点的"引而不发"，最后是理想的"整装待发"。看来这位同学对"发"字情有独钟，闹得毕老师对"发"这个字也另眼看待了。为了让对这位同学的讨论显得比较确切，毕老师特地查了词典。

"发"的意思就是送出、产生、发射、膨胀和开始行动……因此我们能不能说这位同学基本上还是在"蓄势待发"的状态之中？（毕老师也深受该同学影响，开始用起了这个"发"字。）在所有这些词里面，毕老师最喜欢的是"整装待发"这个词，年轻人就是应时刻准备着出发。有一点要和这位同学明确的是，毕老师不认为"一贫如洗"是个缺点，它只是一种状态。而且这种状态的形成，就你目前的年纪来讲，不是你的错，原因不在你身上。关于中国的贫穷，有很多很多原因，我们不必否认这个现实的存在，但也不必悲观。正因为贫穷，我们才有更多的责任。正因为贫穷，我们身上的担子才格外艰巨。既然生于忧患，我们就要承担更多的使命。

让我们再来看一位同学的自画像。

形容长相的成语：一无是处

形容性格的成语：忧心忡忡

形容最大优点的成语：俗不可耐

形容最大缺点的成语：残忍无比

形容理想的成语：当无国界医生

说实话，毕老师刚看到这张纸条的时候，第一个反应是发傻，觉得这是哪位同学和大家开了一个玩笑，一个不好笑的玩笑。我把这张纸反复端量了一番，毕老师是学过一点笔迹学的，从字迹上来判断，这又不像是一个玩笑。这位同学看起来在很认真地书写，而且下笔时轻时重，表现出很专注的思索状态。

况且，如果这是一个玩笑，对他或她有什么意义呢？特别是最后关于自己理想的描述，并不是一个成语。我相信在任何一本成语词典里面都没有"无国界医生"这个词。（顺便说一句，因为这个游戏是要求大家带成语词典，而且是从成语词典中找出自己中意的词，同学们大多都遵守了这条规则，但这张纸条是一个例外。）

"无国界医生"不是一个成语，是一个专有名词。那一年最先命名了非典病毒并以身殉职的医生，就是一位"无国界医生"。

严格地说起来，俗不可耐不是一个优点，至多也只能算是一个特点。好吧，我们就把它当成这个同学的特点吧。我有一个猜测，就是这位同学找不到自己的优点，于是就把这个特点当成了优点。那么，顺着这个思路走下去，这个同学是否对自己也很悲观，认为自己是没有优点的呢？我不知道，写在这里，算是一个善意的提醒，希望他能准确地找到自己的优点。

我还看到了一个很矛盾的地方，就是残忍无比和无国界医生。也许因为我是医生出身，我认为一个好医生必须要有一颗慈悲之心，善心、佛性、仁术、仁心方是医家正道。无国界医生更是人道主义的典范，因为他们的工作和金钱无关，和终极关怀密切相关。我不相信一个残忍的人，会为拯救他人的生命而不惜代价地付出。

值得庆幸的是，这位同学把"残忍无比"放到了最大的缺点一栏中，这首先证明这位同学自己也是很不喜欢"残忍无比"的，知耻近乎勇。

我对这位同学形容自己长相的词——一无是处，也抱有深深的疑问。一无是处的意思是：没有任何好的、可取的地方。这是一个不折不扣的贬义词。可惜我没有看到过写字条的这位同学，但我不相信他说的"一无是处"。你没有高大的身材，总有健全的四肢吧？你没有明亮的眼睛，总有灵活的双手吧？你没有白皙的皮肤，总有灵敏的嗅觉吧？你没有矫健的双腿，总有稳固的双脚吧？我曾经在电话中听一位未曾谋面的朋友说，他对自己的长相非常悲观，想到我这里坐一坐，又怕吓坏了我。我说，你也太小看我了，我绝不会害怕一个活人的长相，因为我连死人都不怕。后来，他终于来做客了，五短身材，头颅硕大，几乎看不到脖子，牙齿也有些暴突，一只手掌上长着六个手指，和他握手的时候有一种奇怪的感觉，好像在和两只手相握。

他说，毕老师，我猜你一定在掩饰着自己的厌烦。我长得一定比你最差的想象还难看。

我说，你高估了我的能力。我从来没有当过演员，所以如果心中真的厌烦，一定是掩饰不住的。你的长相在我的估计之中，只有一点是我不曾估计到的。

他很紧张地问：是哪一点呢？

我说，是你的眼珠，那么黑、那么亮，它们非常清澈。

　　我说的是实话，我从来没有在别人身上看到过如此澄澈的双眸。

　　话说回来，假如我能碰到这位说自己的长相"一无是处"的同学，我相信我一定能发现他长相上的优点，现在既然是无缘相见，那么就把这个任务交给这位同学自己了。请你找到自己长相上的优点。如果你实在找不到，那么，健康本身就是最大的优点。

　　让我们再来看一份自画像。

　　形容长相的成语：沉鱼落雁

　　形容性格的成语：笑容可掬

　　形容最大优点的成语：贤良淑德

　　形容最大缺点的成语：来者不拒

　　形容理想的成语：倾国倾城

　　我猜同学们看到这份单子，一定像此刻的毕老师一样，很想结识一下这位同学，看看现代版的沉鱼落雁之容是怎样动人心弦。毕老师在古书里看到沉鱼落雁这个词，常常不大清楚，一个女性美丽不美丽，怎么能由鱼和大雁来评定呢？它们能有这份审美能力吗？后来我又对自己说，可能这种摄人心魄的美是一种能量，对游动的鱼和飞翔的雁来说是很大的干扰，所以它们就从常规的轨道中脱离了，鱼就沉了底，大雁就落了地。

原以为此类美女已经绝迹，不想有一位就在我们身边，我很为我们的美人后继有人而高兴。

关于性格，这位同学形容自己是笑容可掬。毕老师想说，笑容可掬这个词，似乎不是用来形容性格的，是用来形容面相的。当然了，还是很传神，一个具有传统美德、容貌清丽、笑口常开的美女跃然纸上。可是毕老师心中多少有点不踏实，具体担心什么，一时还总结不出来。随着目光下行，我又开始担心起来。这位同学说自己的最大缺点是"来者不拒"，用一句时髦的话来说，就是不会说"NO"。

一个人一生会遇到多少选择、多少请求，一个人会有多少朋友、多少友谊需要伸出援手，一个人会有多少决定需要瞬间做出，说"YES"容易，但必要的时候，你能否大声地说出"不"？

值得欣慰的是，这位同学把"来者不拒"列入了最大的缺点中，可见她也不喜欢自己这样做，更多是无奈和无力。我常常听到年轻的朋友说，我本不想答应他，可我不知道怎样拒绝。或者说，我原本想的是不做这事，但人家苦苦哀求，我磨不开面子，鬼使神差就答应了，过后这个后悔啊……凡此种种，成了普遍的苦恼。

人们常常以为不知道怎样拒绝别人，是一个技术问题，好像学到几样拒绝时常用的固定语言模式，这个问题就有了解决的法宝。其实不然。

5

学会拒绝是一个严肃的问题。如果你一生学不会拒绝，好像是满足了很多人的期望，让大家都觉得你是一个好先生、好姑娘，但骨子里，你扭曲了自己的意愿，你对不起自己的时间和心情。

有一阵子，我整天忙得头昏眼花，墙上挂的日历被一个个的圈占满了，不是开会就是出席各种活动，几乎每天都在外面吃饭，根本就没有时间写作。我觉得自己都快变成一个二流子了，每天眼睛一睁开就面临着各种各样的邀请和会议，见很多不认识的人，说很多言不由衷的话，表面上热热闹闹，但实际上距离写作的实践是越来越远了。我也很苦恼，很想从这种喧哗浮躁的环境中解放出来，但决心天天下，糟糕的状态却并没有彻底改变。后来，我痛下决心分析了一下自己到底为什么如此混乱，才发现原来是不会说"不"。

同学们可能要笑话我了，说"不"有什么难的呢？不是一张嘴就说出来了吗？

对啊，说"不"是不难，真正让人紧闭了嘴的是怕得罪人、不敢拒绝的心态。来求助的人都有各式各样的理由，如果你不答应，可能给他们留下不好的印象，说毕淑敏这个人架子就是大啊，要不就说你对我们的事情不重视啊，再不就打着各种旗号，比如是熟人所托，是领导所派，是形势所迫……总之，理由层出不穷，各种关系包围着你，让你无法按照自己的意愿自由行动。

原来，说"不"的开关不在别人那里，就在你自己手中。自从我明白了这个道理，顿时觉得天也宽了，地也阔了，时间也充裕了，精力也富足了。我不再怕得罪人，不再为别人活着，不管什么印象与评说，坚定不移地按照自己的长远目标安排自己的生活，轻松了很多，快乐了很多。

　　关于这位同学的来者不拒，既然你已经把它放到了最大的缺点一栏，想必就有了改变它的决心和勇气。从你的自画像来看，你是一个招人喜欢、有着很好人缘的女生，你的性格中有很善良和敦厚的方面，（我是从贤良淑德推论出来的，不知是否准确？）而且你也一定很在乎别人的评价和自己的口碑。我想对你说的是，坚持自己的意见，和贤良淑德并不矛盾。时代不一样了，贤良不是委屈自己，淑德也不是人云亦云。你有权做一个新时代的佳人，有权拒绝和坚持。

　　关于你的理想，毕老师有一点不解。倾国倾城是古代形容绝世美女的词，你就要以此作为自己的理想吗？我猜你是一个有着美丽面容、姣好身材的女生，而且性格也很温柔。让自己更美丽的想法不是一个错，却也不是一个终极的目标。你是要在相貌上继续努力，成为天下第一吗？如果你把这当成你的奋斗方向，那你一定会在时间之墙上碰得眼冒金星、一败涂地，到那时，沮丧和无奈就会辖制你的神经。

　　一个美丽的女孩期望自己的容貌更上一层楼，这可以理解，但如果你把这当成人生目标，就不明智了，你要想想在变得更美丽之后你还要什么。你不能只是徒然地美丽着，那样的话，你只能是一具精致的躯壳，而不是会思想、会行动的活生生的人。而且注意啦，天下第一的美女也会慢慢老去，第一永远只是暂时的封号，时间是永恒的裁判。我们这个时代，有很多商业的因素主导着人们的眼球，天生丽质在舆论的注意中，很容易转化成商品和金钱，这对年轻人（甚至也包括中年人和老年人）的诱惑是很大的，特别是容貌资源比较雄厚的人，更容易被商业的金绳子牵着鼻子走。美丽是一种资源，但要善加利用。外表的美丽固然可贵，但更可贵的是心灵的晶莹。外表的美丽会在时间的磨损之下渐渐残缺和暗淡，但心灵的美丽会在岁月淘洗之后，熠熠生辉。

让我们再来看一下同学们还用了怎样的成语来形容自己。（这一次是合并同类项。）

第一大项：形容长相的成语

（1）五官端正

恭喜这位有着标准相貌的同学。说实话，在毕老师眼中，所有的少年都是五官端正的，因为世事的风刀霜剑还没有来得及在年轻的面庞上雕刻皱纹。

（2）卧虎藏龙

假如你们能看到此刻毕老师的表情，那就是眉头微皱，因为我实在想不出来，脸上如何藏龙卧虎？何处为龙？何处为虎？只能推断那是一番非同小可的英雄气象。

（3）只能讲不是最丑

毕老师被这种略带调侃的自我挖苦逗笑了。

（4）红颜祸水

毕老师大不解。面对这个词，愣了半晌。看来这是一位女生写的啦！红颜多好，说明你血脉丰盈、活力十足，起码没有贫血，才能有美艳的肤色。干吗用"祸水"来形容自己的长相？如果你是认真的，或者是谁用这个词说过你，毕老师建议你稍稍思考一下，红颜说明你健康，不是祸水，你是清泉。有红颜清泉这个成语吗？答案肯定是没有的。以前没有，以后就有了。这个词是专门属于你的。

（5）独树一帜

毕老师想象不出独树一帜的长相到底是个什么模样，估计凭借着这个词，也无法在人群中将这位同学识别出来。但毕老师很佩服这位同学对自己长相的这份评价态度。我们每个人都有自己的特点，从这个意义上讲，你的确独树一帜。

（6）别具一格

此位同学的说法和上面那位同学有异曲同工之妙。可惜你们两个隔得太远，一个在南方，一个在北方，不然真是英雄所见略同，惺惺惜惺惺，说不定还会成为好朋友呢。

…………

　　关于同学们对于自己长相的形容词，五花八门、非常有趣。限于篇幅，我就不再一一罗列了。特别是有一些显得比较自卑的形容词，例如"平淡无奇""鼠目寸光""沟沟壑壑""三等残废"之类的，毕老师看得心痛，为了不给大家更多负面刺激，也就一概略去。我很感谢这些同学把自己的真实想法写了出来，但我不想让这些词成为你们的成语。把它们从你自己的词典中开除出去，换成昂扬、快意勃发的词吧。把一个小小的插曲算作这一小节的结尾。大家都看过有关纪晓岚的电视剧，这位大才子的长相，史书里有记载，说他是"貌寝短视"。什么叫"貌寝"呢？寝是相貌丑陋的意思。"短视"是说纪晓岚是个大近视眼。另外，纪晓岚还有口吃的毛病。不过这些都没有妨碍他成为一代才子，他编纂了《四库全书》，还活到了 82 岁高龄呢。

　　下面再来看看其他的词。

第二大项：形容性格的成语

（1）胆大心细

毕老师拍手叫好。胆大是个宝，胆大其实是对自己能力的充分肯定，能够活跃思维、打开枷锁，让自己的潜能有充分释放的空间。同时要心细。当年我当医学生的时候，学习到心脏的结构，我特别注意了心脏的形状。心脏像个不规则的小房子，并没有"细"和"粗"的区别。其实，细心就是我们掌握了事物运行的规律，并认真观察和思考，因为事物是在不断地变化的，只有努力深入其中，掌握它的规则，才有可能立于不败之地。

（2）乐善好施

毕老师认为这是一个很好的品德。助人为乐是优良传统，希望你发扬光大。

（3）风风火火

看来这位同学无论办事还是学习，都是快节奏。那毕老师也送你另一个成语，望与"风风火火"相辅相成。这个成语就是"和风细雨"，风还是要刮，不过不必时时猛烈。火还是要有，但不要烈火成灾，适当的时候下点毛毛细雨，随风入夜，润物无声。

（4）郁郁寡欢

这个性格可就令毕老师愁肠百结了。在我们收到的信中有很多这样压抑、悲观的词汇。

说说"抑郁症"

　　你为什么不快乐，年轻的朋友？我知道有一种心理疾病叫作"抑郁症"，现在常常在不知不觉中侵袭年轻人。请允许我在这里把它介绍一番。

　　你是否感到抑郁？你是否动不动就哀伤？你是不是在大部分时间内都不是很开心？你是不是常常沮丧？你是否觉得前方没有一件令人快乐的事情在等着你？你是否对什么事也打不起精神？你是不是常常焦虑？是不是担心过多？是否经常被过去发生过的一件可

怕的事情所困扰缠绕？是否常常不相信自己能够成为自己命运的主人？是否对自身太过敏感？是否常常入睡困难或是半夜惊醒？是否有时感觉压力过大，生出逃避的念头，甚至想不如一死了之？

…………

如果你常常出现以上情况，情绪低落，暗自垂泪，沮丧无助的感觉持续时间超过两星期，那么你就要到医院去寻求医生的帮助了。

希望你不要被我上面劈头盖脸的一系列问题吓倒，其实正如我们在生理上会得感冒一样，我们在心理上也会得上精神的感冒。这不是一件稀奇古怪的可怕事情，就像你不必害怕普通的感冒一样。不过不害怕并不等于不重视，我们要有相应的知识，要向老师和家长报告自己的状态，寻求他们的帮助。千万不要一味地沉默和哀伤，让精神的感冒持续很久。

我在下面插入一个自我评定的抑郁量表，这是国外的心理学家在1965年编制的，用于衡量抑郁状态的轻重程度。这个量表也是本书中唯一引用的心理测验量表，希望能对同学们掌握相关的知识有一定的帮助。

这个量表操作方便，容易掌握，能有效地反映抑郁状态的有关症状和变化，特别适用于发现抑郁的状态。而且它的结果不受年龄、性别、经济状况等因素的影响，在国内外广泛应用。

具体的做法是以下各个问题均按1、2、3、4四个等级来计分，有兴趣的同学请仔细阅读以下的陈述句，按照你的具体情况，也就是出现时间的频繁程度圈出相应的等级来。

评分标准

1分：从来不曾出现或是极偶然地出现

2分：有时出现

3分：经常出现

4分：总是如此

注意啊，以下20条中的第2、5、6、11、12、14、16、17、18和20条，是用正面词汇叙述的，它的计分方法就和上面所说的恰好相反，也就是说：

1分：总是如此

2分：经常出现

3分：有时出现

4分：从来不曾出现或是极偶然地出现

千万注意，不要把分值计算反了！！！

当你把各个条目的分数都记录下来以后，就把它们加起来，得到一个总分数后，再除以80，这样你就得到了一个指数。指数的范围在 0.25 到 1.0 之间。如果在 0.5 以下，说明你没有抑郁。

0.5~0.59 为轻度抑郁。你的指数如果较高，就说明抑郁的程度也比较高，需要寻求医生的帮助。

好了，我就把这 20 个题目列在下面。

（1）我感到情绪沮丧、郁闷

（2）我感到早晨心情最好

（3）我要哭或是想哭

（4）我夜间睡眠不好

（5）我吃饭像平时一样多

（6）我的性功能正常

（7）我感到体重减轻

（8）我为便秘而烦恼

（9）我的心跳比平时快

（10）我无缘无故感到疲劳

（11）我的头脑像往常一样清醒

（12）我做事情像平时一样并不感到困难

（13）我坐卧不安，难以保持平静

（14）我对未来感到有希望

（15）我比平时更容易被激怒

（16）我觉得决定什么事很容易

（17）我感到自己是有用的、不可缺少的人

（18）我的生活很有意义

（19）假若我死了别人会过得更好

（20）我仍旧喜爱自己平时喜爱的东西

衷心地希望这位郁郁寡欢的同学，能够在自己的努力和大家的帮助之下，振作、快乐起来。

做了以上的量表，你是不是觉得有点枯燥？让咱们来看看其他有趣的词汇吧。

第三大项：形容最大优点的成语

（1）洁身自好

毕老师也喜欢洁身自好，如果你确立了自己的行为准则，那么就请坚持下去。不过也请记住，真理和谬误往往只差一步。在洁身自好的同时，也要兼顾他人，不要成了曲高和寡的少数派。

（2）表里如一

毕老师十分钦佩这位同学的优点，能够表里如一，坦荡和真诚，希望这位同学无论遇到怎样的挫折，都能坚守自己这个最大的优点直到永远。

（3）老实巴交

毕老师不由得微笑，为这份质朴和实在。现在老实人成了

"土"和"愚蠢"的代名词，我却依然和这位同学一样，顽固地坚守这是一个优点的观念。老实是做人的本分，谎言是卑劣的路标。毕老师要向这位同学学习，也希望大家都向这位同学学习。提醒这位同学一下，让老实穿上智慧的盔甲，它就更能畅行天下了。

看完了优点，咱们再来看看最大的缺点是什么。

第四大项：形容最大缺点的成语

（1）得意忘形

人是可以得意的，但不能忘形。如果一定要忘形，就请躲到小屋里，自己一个人忘形一会儿，也不是什么天大的罪过。相信这位同学既然把"得意忘形"列入了最大缺点的名单，很快就会和它说分手了。

（2）浅尝辄止

你看到了自己的缺点，一定能够有所改进。

（3）以偏概全

（4）偏听偏信

（5）忍耐性差

（6）好吃懒做

……

对于这些显而易见的缺点、弱点、不足之处，毕老师反倒并不担心。因为同学们看到了自己的短处，下一步就是针对这些毛病，对症下药、渐渐改正。毕老师送大家一句话：人的细胞每时每刻都在变化，每天都会有新的细胞长出来，也都会有旧的细胞消失。因此，每天的你，在某种意义上说，都是一个新的你。你的思考决定了你到底是一个怎样的人，你有权利改变，你是这种改变的主人。毕老师祝你改正自己的缺点，变出一个新的自我。

下面到了最令人鼓舞的环节，看看大家的理想都是什么。

第五大项：形容理想的成语

有一些很好、很阳光的理想，比如建功立业、保家卫国、攀登高峰、学术泰斗、普通一兵，等等。我就不在这里多加议论了，衷心地祝这些同学梦想成真。还有若干有趣的理想，我愿在这里发表一些不成熟的看法。

（1）宿学旧儒

看来这位同学是中国传统文化的强力拥护者。祝你在实现自己理想的同时，也能与时俱进，掌握更多新学，成为新型儒者。

（2）光宗耀祖

我理解这位同学的理想，是达到父母和祖辈的期望，做出显赫的成就，让他们以自己为荣。从理论上说，这是一个好的理想。因为我们的父母都是希望自己的子女一代更比一代强，有出息，成气候，做一个大写的人。要说谁家的父母和老人，巴望着自家的孩子当小偷进监狱，那几乎是不可能的。但毕老师想提醒这位同学的是，无论你和他们的关系多么密切，无论你多么爱戴他们，无论他们多么珍惜你，你都不能用他们的理想代替你自己的理想。你就是你，你是一个独立的个体，不要活在任何人的希望里，你有权独立做出自己的决定。当然了，如果你经过缜密的思考，把他们的理想变成了你自觉自愿的理想，那就是另外一回事了。因为虽然表面上看起来这是同样的理想，但理想的主角已经变成了你自己。

（3）飞黄腾达

你往何处飞？你可能要说，我往黄处飞。这个黄处到底是什么地方？你可要搞明白。要有一双慧眼，因为人活着是要有一个目标的，这个目标要由你的大脑来确定。同理，你的腾达也只是一个过程，那个终极的目的地在哪里？也许你还没有想清楚，这不要紧，你还有时间来慢慢想，只是不要把过程当成了一切。飞翔本身并不是全部。

（4）幸福快乐

毕老师很喜欢这个理想，如果让毕老师来写自己的理想，很可能也会是这几个字。我常常记起德国的大哲学家费尔巴哈的一个说法，他说："人活着的最主要的任务是让自己幸福。"

在这一章的结尾，毕老师希望所有的同学为自己的理想而奋斗，并成为一个幸福的人！

6 写给
你最好的
朋友的一封信

咱们下面要玩的这个游戏，是所有游戏里最简单的，我待会儿讲完玩法，你肯定会说这简直太容易了，这还用您教啊？只要您把要求一说出口，我们自己就会完成，再不用多说一句话。但我也要说，这也可能是这本书所有游戏中最难的一个。因为我亲眼看到很多同学冥思苦想，漆黑的头发搔下了一根又一根，洁白的纸上却落不下一个字。

　　看到这里，也许有的同学会心生好奇，这究竟是怎样的一个游戏？这个游戏的名字就叫作"写给你最好的朋友的一封信"。既然是写信嘛，就要准备一支笔、一张纸（如果你写得比较长，当然就要多准备几张纸了），还有一个信封，当然了，还要有邮票。

　　你可能要说，我最好的朋友和我是一个学校的，我放学的时候就能见到他，把信给他就行了，不用麻烦地贴邮票了。或者你可能要说，我最好的朋友和我住在一个小区，我把信写好了，放进她家的信箱就可以了，也不必扔到邮筒里啊。

同学们的说法都很对，估计心急的同学已经在考虑谁是自己最好的朋友，这封信究竟写些怎样的内容了。

为了让大家节省脑细胞，毕老师这就公布整个游戏方案。

准备好一个可以真正用来邮寄的信封，并贴好邮票。邮票不要用普通的邮票，而要用纪念邮票或特种邮票，总之要比较隆重和有纪念意义，因为这是给你最好的朋友的礼物，可不能马虎啊。再准备几张有特色的信纸，要对得起自己最好的朋友，可不能让他或她嘲笑你的小气啊。总之，一切细节都不要马虎，要精益求精。当然了，还要有胶水，因为要把信封粘起来，要粘得很结实，能禁得住旅途的颠簸。

谁是你最好的朋友

　　谁是你最好的朋友呢？这一切都做好了之后，毕老师郑重宣布，就是你自己。这一瞬，你可能会呆若木鸡。对了，你没有听错，这就是一封写给自己的信。只是它不是写给此刻的自己，而是写给一年以后的自己。首先，你将如何称呼自己？给自己起一个别名或是爱称都可以，你要和自己打个招呼，问声好。

　　至于下面具体写些什么，就要看你有什么话要对自己说了。我们常常对别人有很多话要说，但和自己说些什么，好像很少有人考虑。这封信，就请你把对自己的想法用文字保留下来。也可以展望自己在一年里的发展计划，说说自己对自己有哪些期望，有哪些愿望还没有实现，和爸爸妈妈有什么心里话要说。总而言之，这是一封绝对保密，只有你自己知道内容，只写给你自己看的秘密信件。

写完之后，就请贴上邮票，写好信封，交给老师统一保管。到了一年之后，请老师从邮局把信寄出去。同学们收到一年前自己给自己写的信，一定会感慨万千。

感谢很多同学对毕老师的高度信任，他们在发出给自己的一封信的同时，抄了一份底稿，也寄给了我。这样就使我好像穿越了时空隧道，把本来属于一年以后的信件提前打开了。看的时候，我非常感动，甚至鼻子发酸，差点老泪纵横。我这样一说，一定激起了很多同学的好奇心，想知道这些信里写了些什么。在征得信件主人的同意之后，我会把一些信的片段或是全文在后面公布，但好饭不怕晚，让我们把这些最精彩的部分留到最后，先听毕老师啰唆一番。

谁是我们最好的朋友？就是我们自己。

我不知道你是否同意这个观点。我听到有的年轻朋友对我说，我不喜欢我自己，如果让我挑朋友的话，我可不要跟我这样的人做朋友，我要一个更优秀的朋友，要一个更美丽的朋友。甚至还有不少的人说，我要一个更有地位的朋友，我要一个更有钱的朋友……

这种想法有没有道理呢？我想，它还是有一定的道理的，年轻的朋友们对自己不够满意，如果有选择的话，他们愿意抛弃自己现在的形象，打造一个新的自我出来。所以，他们不愿承认自己是自己最好的朋友。

在我们承认这种想法有一定道理的同时，我们也要看到，这只是一厢情愿的幻想，实际上，你根本不可能脱离你现在的状态而存在，你无法摆脱自己的真实，你就是你，你不是其他任何人。也许有人会说，你刚才还说我们会有一个新的自我出现，干吗现在又把这条路堵死了呢？

一个"新我"的出现，不是从天上掉下来的。它是从"旧我"的躯壳中飞出的蝴蝶。如果你否定了蛹，你也就折断了蝴蝶的翅膀。

我们都对自己有很多不满意，希望自己更完美一些，希望自己身上有更多的优点，甚至希望自己的家世更显赫、财富更充裕……凡此种种，都让我们难以无条件地接纳自我，而是带有很多限制。

你就是你，你不是另外的任何一个人。

能够跟随你一生风雨同舟的那个人，不是别人，正是你自己。在快乐的时候，他和你一道分享愉悦；在哀伤的时候，他和你一道吞咽泪水；在攀登的时候，他要为你鼓劲；在寒冷的时候，他要帮你取暖；当所有的人都离开你的时候，他会和你紧紧地站在一起，不离不弃；无论你生老病死，他都无怨无悔地和你在一起，直到永远。这样的朋友，难道还不是你最好的朋友吗？

一个人只有无条件地接纳了自己，他才能放下包袱轻松前进。他才能真正地认识到自己的不足，虚怀若谷地听取别人的意见，有条不紊地开始改进。如果他不接受自己，那么，他要么是虚张声势，企图以令人眼花缭乱的粉饰来遮挡自己的弱势，要么就畏缩不前，拜倒在强权和强势面前，唯唯诺诺，成为别人的影子。如果你看到一个人特别退缩或是特别招摇，那基本上就可以肯定，他是一个不接纳自己的人，他不知道唯有他的本色才是宝贵的真实。如果他想要进步，那也是在真实基础上的改善，而不是创造一个虚妄的幻象。如果你是一艘船，我相信只有在航行的时候，你才是最高兴的。因为你所有的构造，都是为了远航才设计和制造出来的。无论你的马力多么强大、风帆多么舒展，如果你不去风暴中航行，那么它们就只是港口的摆设。

你认定你是自己最好的朋友，你就要对自己说真话。你要常常和自己的内心在一起，体察它的喜怒哀乐，和它对话，倾听它朦胧但是充满智慧的声音。

我们会听很多人的话，但我们却常常忘记倾听自己内心的声音。我相信在每一个年轻朋友的心中，都栖居着一个聪明的小精灵。它就是你的精神所在。

18 岁的 18 个决定

　　我是谁？这是一个科学家和哲学家争论不休的问题，在我看来，我们每个人都是由自己的历史和理想组成的共同体。分析自己的历史，展望自己的未来，这是一个人毕生的功课。年轻的朋友，你们还小，但这个功课是一定要做的，和谁一起做呢？当然是和自己的内心一道做了。养成和自己对话的习惯，在纷繁的世界上，倾听自己内心的呼唤，这是从年幼的时候就要养成的一个好习惯。

毕老师悄悄告诉你一句和真理差不多的话：长大是不可改变的事情。

一个孩子，一个婴孩，从 2 岁开始，就可以自己独立做出 2 个决定了。以后，随着年龄的增加，每一年他可以多做出 1 个决定。也就是说，3 岁的时候，可以独立做出 3 个决定；7 岁的时候，可以在一天当中独自做出 7 个决定；到了 18 岁的时候，就可以独立做出 18 个决定了。

这话说起来有点拗口、不易理解，现在，我把一位国外学者列出的 18 岁的青年可以做出的 18 个决定和事情列在下面。

1. 今天穿什么衣服？

2. 早餐吃什么？

3. 什么时候做作业？

4. 邀请谁来参加舞会？

5. 放学之后要不要去打工？

6. 把头发染成蓝色？

7. 父母不在家时开派对？

8. 去别的城市听音乐会？

9. 做家务，保持室内清洁。

10. 对自己捡回的狗负责。

11. 做饭前的准备工作。

12. 饭后刷碗。

13. 付汽车的保险费。

14. 使用避孕药。

15. 喝酒。

……

后面还有几项，我就不一一列出了。

看了之后，你是不是有点愕然？他山之石，可以攻玉，以上几项仅做参考。因为我相信你也可以做出自己的选择。因为这位学者认为2岁的小朋友就可以做出2个决定了。这2个决定就是：你是喝水还是出去玩？你喜欢吃什么？

我们自然比2岁的小朋友要强大多了。

好，下面让我们看看几位同学写给自己的信。

第一封信

×××：(是这位同学自己称呼自己的名字，保密起见，毕老师姑且隐去真名真姓，但下面的内容绝对真实。)

你好！真不知道该如何称呼你，好在不用自我介绍，我的情况你都清楚，因为咱们是好朋友。我知道你不开心，生活得不太如意，学习成绩上不去，得不到老师的重视，人际关系也不太好，在某种程度上说，你算是焦头烂额了。造成你目前这种状态的原因，可能是你以前太优秀了吧！其实你也算不得什么，只是迷迷糊糊地拿过几个学科竞赛的奖项。我知道你并不自负，这是好的，可惜同时你缺乏自信，不思进取，这就有点问题了。

不说学习了，这个名词已经让我们背负过多，我只想问问你：你将来打算干什么？

…………

老妈常跟你说表哥，你有两个表哥，一个以优异的成绩考上了华南理工，一个因为参与群殴坐牢，出狱后到广东闯荡，如今已经帮父母买了一套房子，每年有几十万的收入。你有这样两个表哥，真是让人莫衷一是。两个表哥走的是不同的路，每人伸出一只手拉你，扯得你心痛。你并不想贬低或者提升他们的地位，只是你要走哪一条路？

这位同学直呼自己的名字，很好。有一种警醒在里面。问题也提得很切中要害——你到底要走哪一条路？症结好像在如何评定成功。是分数吗？是考上一所名牌大学吗？是挣了很多的钱，有房有车吗？这些都关乎人生的理想和奋斗的方向。青少年时代不仅"长生理"，也"长心理"。你会接触到各式各样的说法，每种说法可能都会有现成的榜样摆到你面前。这的确是充满困惑的阶段，要知道"榜样的力量是无穷的"。特别当此榜样是由你的亲人隆重推出，就更带上了典范和启示的力度。

毕老师明白你的困惑，觉得这也是人生的必经阶段。你可以经常想一想，如果暂时想不出来，也可以放一放，人生还长，年纪还轻，思索是需要时间和阅历的。在目前这个阶段，我建议你多看些书，特别是卓越人物的传记。毕竟你的两位表哥不能包揽世上所有的生活方式，而且你第二位表哥的"成功"，也许有很多的因素，但绝不是坐牢导致了成功，因此得出的坐牢＝成功的等式是不成立的。即使和坐牢有关系，也是因为他吃一堑长一智，痛改前非、励精图治。退一万步讲，如果说是因为坐牢和黑道有了关系发了财，我认为这样的"成功"是不可取的，无论获得了多少金钱，都不值得羡慕和效仿。

讲一个富翁的故事。华人首富李嘉诚15岁丧父，找到的第一份工作是在茶楼当跑堂，每天的工作时间在15个小时以上。就这样，他还特地把手表拨快了10分钟，这个习惯一直保持到了古稀之年，直到今天，他的手表还是比别人的要快10分钟。谈到这段经历，他说："先父去世时，我还不到15岁。面对残酷的现实，我不得不去工作，忍痛中断了学业。我太想读书了，可家里是那样穷，我只能买旧书自学。我的小智慧是环境逼出来的。我花一点点钱，买来教材，看完之后又卖给旧书店，再买别的教材。就这样，我既学到了知识，又省了钱，一举两得。我少年时最大的愿望，就是美美地睡上三天三夜。"

关于自己的成功和财富，他说："在20岁之前，事业的成果百分之百靠双手勤劳换来。20岁至30岁时，事业有些小基础，10%靠运气好，90%仍是由勤劳得来的。"

故事讲完了，你有何感想呢？

以上只是毕老师的一孔之见，仅供你参考。祝你一年之后看到这封信的时候，对走什么路、如何成功，有了更明晰的看法。

第二封信

心爱的××：（××是写信女生的名字。同学们可能要问，你怎么知道她是一位女生呢？因为名字非常女性化啊，而且你再看下去，也就知道她是女生了。）

在过去的一年里，你的改变大吗？还是那么爱哭？还是那么多愁善感吗？还是拒绝长大吗？还是一有伤心事，就垂泪到天明吗？

展开此信的时候，快要高考了，真不知道你是在信心满满地迎接高考，还是仍然看到的是毫无星光的黑夜？你知道，我是多么担心你呀！你一定要坚强，一定要抬头挺胸，微笑着去迎接那决定命运的几天。其实也没有什么啊，如果每个人都为了高考要死要活的话，中国就不会有那么多的人了！所以你不要看得太重啊！

还有一点我不得不提醒你啊，要在合适的时间、合适的地方做合适的事，而不是相反，在不合适的时间、不合适的地方做不合适的事。你现在要专心于高考，要克制！不要胡思乱想！！！

　　送你一个大大的拥抱！

　　有点扑朔迷离。关于合适不合适那一段，像个绕口令。我们多愁善感的小姑娘既然不愿意说得太明确，咱们也就来个"模糊教学"吧。我喜欢这封信的结尾，给自己一个大大的拥抱。因为我们永远是自己最好的朋友，我们在任何艰难困苦的情况下，都不要和自己分离。和真我在一起，鼓励自我，坚守自我，这是最可贵的精神健康之必需。至于那个打了三个大大的叹号的"不要胡思乱想！！！"，倒真引起了毕老师的某种胡思乱想。我估计是和某位男生有关的想法吧。

　　青春是一个充满幻想的年代，特别是在对与异性的关系问题的看法中，有许多萌动的思绪，这是很正常的。毕老师是学医出身，觉得这和激素的旺盛分泌密切相关。承认人的这种生物本能，我觉得不是庸俗，而是实事求是。所以，当你随着年岁渐长，注意到了自己身体的变化，开始对异性有了好奇之心，并且有时想入非非时，我觉得都不是可怕的事情，在某种程度上来说，这才是正常的呢！对于性，咱们中国的文化在教育孩子方面，基本上是讳莫如深，好像这种封锁才能让青少年干净单纯地成长，然后期待他们在长大成人之后无师自通。这在文化闭塞的旧时代，不管是否正确，起码还可以得逞，但到了资讯如此发达的电子时代，靠蒙蔽视听的方法来保持青少年的纯洁，基本上是一厢情愿的痴人说梦。

对于性，我的看法是承认它的合理性，光明正大地学习有关知识，不再把它当作地下活动。当然了，这需要社会、学校、家长和方方面面的支持与配合，这是一个系统的工程。关于这个问题，我到美国访问的时候，参观过一个机构，他们对女孩子进行的性教育，从 6 岁就开始了。我当时非常吃惊，心想这也太早了一点，算不算"教唆犯"啊？但看了教课示范，又读了有关的课本，我才发现这是一种很好的方式。回国后，我写了一篇文章，这次也附在这个游戏的后面，算是一块他山之石。

话说远了，回到咱们的课题上。承认青春勃发的生理性，并不等于可以信马由缰，让激素成为我们行动的司令。所以，我很认同这位同学的克制态度。人到了生命中的某个季节，就要去做这个季节的事情。果木就是在春天开放花朵，在夏季饱满灌浆，在秋季硕果累累，在冬季休养生息。如果你在春天就挥霍了本属于夏天的阳光，那秋天也就没有了金色的收获。青春时代，是长身体、学本领、积蓄力量的时期，你首先要把自己锻造成人，才能以一份成熟的心态去寻觅自己的幸福。如果连自己是谁、目标是什么这样重大的问题都是一笔糊涂账，盲目地陷入生理需求的泥沼，等待你的就会是一出开幕过早的悲剧。

　　不要被你的激素牵着鼻子走，人是生物不假，但人是高级生物，本能之上，还有我们坚定的理智。这是一个年轻人要毕生修习的功夫。

女孩的性教育从 6 岁开始

和北京一所中学的女生座谈。席间，一位女孩子很神秘地问，您是作家，能告诉我们"强暴"究竟是怎样一回事吗？

她说完这话，眼巴巴地看着我。她的同学，另外五六位花季少女，同样眼巴巴地看着我，说，我们来之前，在教室里就悄悄商量好了，我们想问问您，这究竟是怎么一回事？

我微笑着反问她们，你们为什么想知道这个词的意思？

女孩子们七嘴八舌地说，随着我们渐渐长大，家长啊老师啊，都不停地说，你们要小心啊，要保护好自己的身体，千万不要出什么意外。在电影里小说里，也常常有这样的故事，一个女孩子被人强暴了，然后她就不想活下去了，非常痛苦。总之，"强暴"是一件非常可怕的事情，但是，没有人把这件事同我们说清楚。我们很想知道，但我们又不好意思问。今天，我们一起来，就是想问问您这件事。请您不要把我们当成坏女孩。

我说，谢谢你们对我的信任。我绝不会把你们当成坏女孩。正相反，我觉得你们是好女孩，不但是好女孩，还是聪明的女孩。因为这样一个和你们休戚相关的问题，你们不明白，就要把它问清楚，这是科学的态度。如果不问，稀里糊涂的，尽管有很多人告诫你们要注意，可是你们根本就不知道那是怎样一回事，又从何谈起注意的事项呢。好吧，在我说出自己对"强暴"这个词的理解之前，我想知道你们对它的了解到底有多少。

女孩子们互相看了看，用眼神鼓励着彼此，说了起来。

一个说，它肯定是在夜里发生的事。

第二个说，发生的时候周围一定很黑。

第三个说，很可能是在胡同的拐角处发生。

第四个说，有一个男人，很凶的样子，可是脸是看不清的。

第五个说，他会用暴力，把我打晕……

说到这里，大家安静下来，或者更准确地说，一种隐隐的恐怖笼罩了我们。我说，还有什么呢？

女孩子们齐声说，都晕过去了，还有什么呢？没有了。所有的小说和电影到了这里，就没有了。

我说，好吧，就算你晕过去了，可是只要你没有死掉，你就会醒过来。那时，又会怎样？

女孩子们说，等醒来的时候，已经是在医院里了，有洁白的床单，有医生和护士，还有滴滴答答的吊瓶。

我说，就这些了？

女孩子们说，就这些了。这就是我们对于"强暴"一词的所有理解。

我说，我还想再问一下，对那个看不清面目的男人，你们还有什么想法？

女孩子们说，他是一个民工的模样，穿得破破烂烂的，很脏，30多岁。

我说，孩子们，我要说，你们对这个词的理解，还远不够全面。发生强暴的地点，不仅仅是在胡同的拐弯处，还有可能在任何地方，比如公园，比如郊外。甚至可以在学校、在你邻居的家，最可怕的，是可能在你自己的家里。强暴者，不单可能是一个青年或是中年的陌生人，比如民工，也有可能是你的熟人、亲戚甚至师长，在最极端的情况下，也可能是你的亲人。"强暴"本身的含义，是有人违背你的意志，用暴力强迫你同他发生性的关系，这是非常危险的事件。强暴发生之时和之后，你并非一定会晕过去，你可能很清醒，你要尽最大的能力把他对你的伤害减少，保全生命，你还要尽可能地记住罪犯的特征……

女孩子们听得聚精会神，把我可紧张得够呛。因为题目提得猝不及防，我对自己的回答毫无把握。我不知道自己解释得对不对，分寸感好不好，心中忐忑不安。

后来，我同该中学的校长说，我很希望校方能请一位这方面的专家，同女孩子们好好谈一谈，不要讲课，那样太呆板了。要用生动活泼的形式，教给女孩子们必要的知识，使她们既不人人自危、草木皆兵，也不是稀里糊涂、一片懵懂。

我记得校长很认真地听了我的意见，然后，不动声色地看了我半天。闹得我有点发毛，怀疑自己是不是说得很愚蠢或有越俎代庖的嫌疑。

停顿了一会儿之后，校长一字一句地说，您以为我们不想找到这样的老师吗？我们想，太想了。可是，我们找不到。因为这个题目很难讲，要讲得分寸适当，更是难上加难。如果您能够接受我们的邀请，为我们的孩子们讲这样的一课，我这个当校长的就太高兴、太感谢了。

我慌得两只手一起摇晃着说，不行不行。我讲不了！后来，这件事就不了了之了。

在美国纽约访问时，我走进华尔街一座豪华的建筑，机构名称叫作"女孩"。身穿美丽的粉红色中国丝绸的珍斯坦夫人，接待了我们。她的颈子上围着一条同样美丽的扎染头巾。她说，我们这个机构，是专门为女孩子的教育而设立的。因为据我们的研究报告证实，在女孩子中间，自卑的比例是百分之百。

我说，百分之百？这个数字真令人震惊。都自卑？连一个例外都没有吗？

珍斯坦夫人说，是的，是这样的。这不是她们的过错，是社会文化和舆论造成的。所以，我们要对女孩子们进行教育，让她们意识到自己的价值。

在简单的介绍之后，她很快步入正题，晃着金色的头发说，对女孩子的性教育，要从 6 岁开始。

我吃了一惊，6 岁？是不是太小啦？我们的孩子在这个年纪，只会玩橡皮泥，如何张口同她们谈神秘的性？

还没等我把心中的疑问吐出口，珍斯坦夫人说，6 岁是一个界限。在这个年龄的孩子，还不知性为何物，除了好奇，并不觉得羞涩。她们是纯洁和宁静的，可以坦然地接受有关性的启蒙。错过了，就如同橡树错过了春天，要花很大的气力弥补，或许终身也补不起来。

我频频地点头，觉得她说得很有道理。但是，究竟怎样面对一双双如溪水般清澈的眼睛，用孩子们能听得懂的语言谈性呢？我不知道。我说，东方人讲究含蓄，这使我们在这个话题上，会遇到更多的挑战和困难。不知道你们在女性早期性教育方面，有哪些成功的经验抑或奇思妙想？

珍斯坦夫人说，哦，我们除了课本之外，还有一个神奇的布娃娃。女孩子看到这个娃娃之后，她们就了解自己的身体了。

我说，可否让我见识一下这个神通广大的娃娃？

珍斯坦夫人笑了，说，我不能将这个娃娃送给你，它的售价是80美元。

我飞快地心算，觉得自己的钱包虽不饱满，但刨去路费，还能挤出把这个负有使命的娃娃领回家的钱。我说，能否卖给我一个娃娃？我的国家需要它。

珍斯坦夫人说，我看出了你的诚意，我很想把娃娃卖给你。可是，我不能，因为这关系到我们的知识产权。你不可仅仅付出金钱就得到这个娃娃，你需要出资参加我们的培训，得到相关的证书和执照，你才有资格带走这个娃娃。

她说得很坚决，遍体的丝绸都随着语调的起伏窸窣作响。

我明白她说的意思，可是我还不死心。我说，我不能买也不能看到这个娃娃，那我可不可以得到一张它的照片？

珍斯坦夫人迟疑了一下，说，好的。我可以给你一张复印件。那是一张模糊的图片。有很多女孩子围在一起，戴着口罩（我无端地认定那口罩是蓝色的，可能是因在黑白的图片上，它们的色泽是一种浅淡的、中庸的灰）。她们探究地睁大眼睛，如同嗷嗷待哺的小猫头鹰。孩子们全都俯向一张手术台样的桌子，桌子上是千呼万唤始出来的布娃娃——它和真人一般大，躺着，神色温和而坦然。它穿着很时尚华美的衣服，发型也是流行和精致的。总之，它是一个和围观它的女孩一般年纪、一般打扮，能够使她们产生高度认同感的布娃娃。老实说，称它为布娃娃也不是很贴切。从它颇有光泽的脸庞和裸露的臂膀看，可断定构成它肌肤的材料为高质量的塑胶。

围观女孩的视线，聚焦在娃娃的腹部。娃娃的腹部是打开的，如同一间琳琅满目的商店，里面储藏着肝脏、肺管、心房，还有……惟妙惟肖的子宫和卵巢。自然，还有逼真的下体。

这也许就是我在纽约的华尔街想买下模具娃娃的强烈动力之一了。

非常感谢珍斯坦夫人，我得到了一张被人围观的娃娃照片的复印件，离开了华尔街，后来又回国。我虽然没有高质量的仿真塑胶，但我很想为我们的女孩制造出一个这样的娃娃。期待着有一天，能用这个娃娃，同我们的女孩轻松而认真地探讨性。思前想后，我同一位做裁缝的朋友商量，希望她答应为我定做一个娃娃。

听了我的详细解说并看了图片之后，她嘲笑说，用布做一个真人大小的娃娃？亏你想得出！

我说，不是简单的真人大小，而是和听众的年纪一般大。

如果是 6 岁的孩子听我讲课，你就做成 6 岁大。如果是 16 岁，就要做成 16 岁那样大，比如身高 1.6 米……

朋友说，天哪，那得费我多少布料？你若是哪天给少年体校里学女排、女篮的孩子们讲课，我就得做一个 1.8 米的大布娃娃了！

我说，我会付你成本和工钱的。你总不会要到 827 元钱一个吧？（依据当时美元对人民币的汇率。）

朋友说，材料用什么好呢？我是用青色的泡泡纱做两扇肺，还是用粉红的灯芯绒做一颗心？

我推着她的肩膀说，那就是你的事了。为了中国的女孩们，请回去好好想，尽快动手做吧。

第三封信

2006 的我：

我好！我最近还好吗？

好奇怪啊，自己给自己写信？干吗要给自己写信呢？我想不明白！既然要写信，就同一年以后的我聊聊天吧。我呀，就别老想着玩电脑了，我也老大不小的了，比去年又长了一岁，革命尚未成功，同志仍须努力。我呀，要学会关心周围的人，我要是不伸出自己的手，又怎能握住别人的手呢？只有这样才能获得一个美好的环境，自我发展。

毕老师非常欣赏这句话——"我要是不伸出自己的手，又怎能握住别人的手呢？"是啊，我知道有很多青少年朋友，都会为自己的人际关系而苦恼，在我收到的大量读者来信当中，提到如何与人相处这一疑问的，占了很大的比例。其实人生在世，我们就是在不断地处理各式各样的关系。人和自然的关系，人和他人的关系，人和自我的关系……这三大关系像蜘蛛网一样，将人类死死缠绕。如果你处理得好，就如鱼得水，你在自然的怀抱中怡然自得，你在与自我的和谐相处中不断发现自己的潜能和人生的乐趣，你在和他人的友好关系中感受到人生的美好和珍重生命的理由，因为你不仅仅是为了自己而活着，更是为了很多人的关爱和需要而活。我有时会想，"人群"这个词真的很说明要害，人是要生活在群体当中的，一个孤家寡人是没有办法得到真正的幸福的。那如何和人相处呢？在人与人的关系当中，什么是最重要的呢？这位同学说得很好，你要首先伸出你的手。别人的手在哪里，我们不知道，但我们自己的手在哪里，我们是知道的。伸出我的手，就这么简单！快乐本质上并不是一种感受，而是一个可以随时随地做出的决定。你可以决定自己是要快乐还是抑郁。

第四封信

××：

展信安好。呵呵，怎么样啊？就要考试了，有没有一种

"泰山崩于前"的紧迫感呢？呵呵，当然会有的，我也不怪你感慨万千了。呵呵，有没有一种就要得道成仙、修成正果的快感呢？呵呵，我看也是有的。一年以前你就许下诺言，一定要努力，要为了自己的理想不懈地奋争。如果我记得不错的话，你许下的愿望是考上医科大学……对吧？还是北京的名牌医科大学，它正向你招手呢！爸爸妈妈给了你健康的身体，剩下的就要靠你自己的努力了。你有什么理由令大家失望呢？

人生在世，雁过留声，人过留名，我并不想让你做什么流芳千古的伟人，但在本校的英才榜上总要书写一笔吧。

呵呵……

毕老师看完了这封信，也不由自主地要"呵呵"两声了。谢谢这位同学的坦率和真诚，看来你是踌躇满志、意欲大展宏图了。每个人对于自己最大的才能、最高的力量，总不能有充分的认识。只有大责任、大变故，甚至大危难的时刻，才能把其激发出来。毕老师有个馊主意，想要成绩好，到超市去买一大罐子优质的胶水吧，一半刷到裤子上，另一半刷到椅子上，就 OK 啦！毕老师还要提醒你一下，请用一点时间，想想万一高考失利，应该如何从容面对。咱中国有句古话，叫作"凡事预则立，不预则废"，讲的就是多考虑几个侧面，多准备几个方案，多做几手准备。呵呵，这样，你就更成熟了。让我们祝福你！

第五封信

你好!

我是一年前的你。日月如梭,光阴似箭,一眨眼的时间,又过了一年。在这一年里,你是否身体健康、学习进步、阖家幸福?

我知道,我的成长、我的变化将会直接影响到你。我要给你几个座右铭,希望你能记住它们。

一、拥有较强的责任心。一定要随时随地明白自己在做什么,自己的首要目的是什么。人生的赛场上有许许多多的诱惑,窗外的世界绚丽多彩,赛道旁的鲜花总是带着令人心动的芬芳,但要想在跑道上超越别人,要能在冲刺的终点放声大笑,那就要一心一意地做好自己的事情。

二、拥有"设身处地"之心。不能设身处地地为他人着想是我最大的缺点,希望能在今后的这一年里有所改变。

三、保持充足的上进心。现在的我,上进心十足,我希望一年后的我,能更有上进心。

四、提高自己的综合素质,变得更完美。

能不能变得更完美,就要看我这一年的努力了,加油啊!写着写着,不觉东方既白,身上充满了力量。但愿你看到这封信的时候,也能充满了活力。祝你心想事成,身体健康,越来越美丽。记着啊,我看着你呢!

一年前的你

毕老师觉得这位同学很理性，把自己分析得透彻明白。我尤其喜欢那种给自己写着写着信，不觉东方既白的时刻，站起身来，身上充满了力量。这是一种多么清新、多么振奋的感觉！当我们的心有了力量，我们的身体也会充满力量。如果你觉得干什么都打不起精神来，不要责怪你的身体，先看看你的心是否已经疲惫。给自己的心洗洗澡、梳梳头，给自己的心换上一件运动衫，迎着太阳去跑步！

前些日子，我到欧洲去，五月份了，瑞士的阿尔卑斯山上还是积雪皑皑。坐滑道下山的时候，缆车车厢里进来了一位年约古稀的瑞士老人，他把长长的滑雪板挂在车厢外面，开始脱自己沉重的滑雪靴。

我们交谈起来，我说："你这么大年纪了还来滑雪，就不怕危险吗？"他捋着白胡子说："山是最厚的书，雪是最薄的玻璃。滑雪者是掠过玻璃的蜻蜓，玻璃也会爆炸，把蜻蜓炸得粉碎。你能看到山下的目标，却不知道厚厚的积雪下面正确的道路在哪里。但这不要紧，你努力去判断和滑就是了。"

那一天，我走出缆车的时候，尽管四处大雪纷扬，心情却很明朗。

第六封信

小朋友：你好！

　　请允许一年前的我这样称呼你，因为在我心中，你永远是个长不大的孩子，我不相信在这方面一年的时间能够改变你多少。你喜欢别人的呵护、疼爱，依赖别人。我知道，你觉得那种暖暖的、依靠别人的感觉非常好，我心里现在酝酿了一大堆的话想要告诉你，万语千言又有点不知从何说起。

　　关于学习……从我写信的这秒钟起，我决定拟一个计划坚持执行。我会找到某种动力促使自己坚持的，也请你见证，看看这一次，我是否能够言出必行。（你知道，我是最看不起不遵守诺言的人啦！我可不希望自己变成这样的小人！）

　　关于父母……很多时候，我在和他们的关系当中，是一个被动的人，不太愿意同父母说心事，尤其是父亲，我们之间永远没有太多的话说，不像别的父女那样无话不谈、打成一片。虽然他们对我的爱从未说出过口，但我知道那爱有多么深沉。我们都不善于表达，每当看到他们都不愿为自己添置衣服，穿得极其朴素，却毫不吝啬地为我买这买那时，我的心就会涩涩的，很难受，觉得自己很不孝顺。

　　关于朋友……从小到大，你身边永不缺乏的就是朋友。也许是你那张圆嘟嘟的脸，让你的人际关系一直不错。可也正因为身边有太多的人围绕，有着众星拱月般的感觉，你不会珍惜朋友，不懂得谅解和细心呵护，发生了矛盾，总等着别人用行动来化解。

　　关于爱情……爱情是神圣的，不分对错。只要涉及其中，就必须全心投入。爱情不需要天长地久，只要曾经有过一段深刻的经历便足矣，这样可以留下或甜蜜温馨，或酸涩的回忆陪伴终身。我喜欢上了一个男孩子，欣赏他的才华，欣赏他的率真，当欣赏渐渐成为习惯时，喜爱也就成了习惯。我在意他的一切，但是最近我们的关系闹得有点僵。我不知所措，心里很难过。我不知道这是不是爱？

也许，18 岁的你对他的感情日益深沉，但请你保持它的纯真，不要让它暴露在空气底下，那样会招致细菌的侵蚀、尘污的沾染。

过去的一年，不管发生了什么，我都会一如既往地支持你，为你助威呐喊，加油打气！

你最好的朋友

2005 年 5 月 10 日晚于灯下

这封信写得荡气回肠，毕老师真是非常喜爱写这封信的女生，可以感到一颗活泼的心在轻快地跳动着，善良、敏感、真诚而又不乏幽默和自省。对于这样的青年，除了祝福和期待，好像没有更多的话好说了。对了，如果一定要说点什么的话，那就是爱情了。我对信中写的关于爱情的那一部分，有一些不同的看法。

原话是这样的："爱情不需要天长地久，只要曾经有过一段深刻的经历便足矣，这样可以留下或甜蜜温馨，或酸涩的回忆陪伴终身。"

我知道很多死去活来的爱情故事的男女主人公是吟诵着这样的句子，穿行并埋葬了缠绵悱恻的爱情。我知道这样的献身与决绝有着强大的煽情能力和令人感动的魔法，很多人以此为爱情指南，至死不渝。但毕老师是个普通的人，也是一个写小说的人。文学作品中的爱情和生活中的爱情，是有很大的不同的，就像 T 形台上的服装通常并不是用来御寒的。如果我对你说，生活中有一对老夫妇，他们相敬如宾五十年，从来没红过脸，从来没打过架，相濡以沫，同舟共济……你觉得怎么样？

现实中的很多人都会说，这是多么感人至深的爱情，爱情已经转化成了亲情。如果你的父母是这样的一对老人，你一定会欣赏他们、羡慕他们。但是如果我把他们的故事写成小说，你觉得会好看吗？第一年和第二年没有多少变化，第十年和第二十年也没有多少变化，如果一定要找变化，就是添了皱纹，出现了白发……这样的小说有多少人看呢？如果编成戏剧，又有多少人会买票呢？依我做小说家的经验看，真会门可罗雀的。所以，现实生活和小说是不完全一样的，你尽可以在戏剧中为了生死跌宕、昙花一现的爱情哭天抹泪，但不必把它当成你的爱情模板，按图索骥。

我相信世上一定有凄美悱恻的爱情，但我更相信大多数的爱情是朴素而寻常的。只有朴素的爱情才可能在经历岁月的淘洗后依然新鲜芬芳。

……

……

毕老师连着打出了两行省略号，实在是觉得手边这些同学们写给自己的信太精彩了，很想不断地引用下去，但因为篇幅的关系不得不打住，只得用两行省略号来表达自己依依不舍的心情。

给自己写信，和自己说话，关注自己的内心，这是一个良好的习惯，它不断地提醒你，要在飞速旋转的生活涡流当中，找到圆点和中心。这个中心不是别人，而是你的思想和感受。如果脱离了自我，一切美妙的想法都成了泡沫。

当然，我们所说的关注内心，不是让你自闭和完全以自我为中心，而是立足于一个真实的你，发现你的优点，弥补你的缺点，鼓舞你的斗志，激励你的勇气。

亲爱的同学们，祝愿你们成为自己忠贞不渝的朋友，穿过风雨，越过险阻，直达气象万千的峰顶。犹太人古老的典籍《塔木德》里有这样一段话：人是有两条生命的。一条是父母给的，第二条是自己赋予的，那是生命的实质。超越别人，不能算是真正的超越，只有超越从前的自己，才是真正的超越。

7 一张试卷、
反其道
穿衣脱鞋、
老鼠爱大米

已经做了六个游戏，向大家道一声辛苦啦！特别是刚刚完成的第六个游戏，也许你思索了很久（也许有人会一挥而就，但毕老师估计写得快的同学可能比较少）才能落笔，如果你写得比较长的话，手也要累酸了。这次啊，咱们来做几个不用动脑筋的题目，换换心情。

你可能会问，到底是一个游戏还是几个游戏啊？为什么不分成几组而是合在一起呢？有两个原因，一是这几个游戏都比较简单；二是当你做完之后，也许会发现它们有某些相似之处。毕老师就偷起懒来，用了一个"合并同类项"的办法，把它们一股脑都装进了第七个游戏的小篮子。

一张试卷

在这本书的下一页里，有一张印制好的试卷，这是为单独做这个游戏的同学们准备的。还要请你备好一个闹钟，一支红色、一支黑色、一支蓝色的圆珠笔，然后拿好蓝色圆珠笔，开始答以下的试卷。你可能要问，还有什么注意事项呢？我告诉你，所有的注意事项都在这张试卷上写着呢。答试卷，同学们不会陌生吧，我相信你从上小学到现在，已经完成过无数张试卷，驾轻就熟。如果是集体做，就请老师事先打印好试卷，届时每人发下一张，然后要求大家用最快的速度答完。补充一点，如果是你一个人做试卷，在阅读题目的时候，就请开始计时。

试卷

一、答卷之前请通读全部要求。

二、请将你的名字写在本试卷的右上角。

三、请将上面第二个要求中的"名字"二字用黑色圆珠笔圈起来。

四、轻轻捏着鼻子大声叫你自己的名字三遍。

五、拍打你的桌子三下。

六、在试卷的反面用红色圆珠笔再写一遍你自己的名字。

七、在试卷的左下角写上你所在的学校的名称。

八、在试卷的右下角写上你所在的年级和班级。

九、当你完成以上要求后，站起来再坐下，大声地说"我做到了"。

十、既然你已按照第一条的要求做了，又认真读完了全篇的内容，你只需要按照第二条的要求完成第二道题目，就算答完了本张试卷。

十一、完成后请不要出声，看到别人的举动也不要笑，静候全体同学完成试卷。

你完成了吗？你用了多长时间呢？

这个游戏我以前让成人做过。不怕大家笑话，别看都是老大不小的人了，大约只有一半的人能够正确完成。由于我没有给中学、大学的同学们实地做过这个游戏，因此这次心中很是没底，我渴望知道有多大比例的同学能够正确地完成这张试卷。当我把游戏草案发下去，请老师指导同学们完成试卷的时候，完全无法猜测结果。

我饶有兴趣地阅读了一份指导老师的报告，现把这份报告附在这里，让大家对这个游戏多些了解。毕老师要向这位老师表示深深的谢意：组织同学们完成得很圆满，报告也写得很生动。

关于试卷的报告——细节很重要

　　那天自习课，我到教室里，很多同学都在做英语试卷，我耐心地等待着。过了好一会儿，一个平日里反应很快的男生做完了英语作业，我走过去问他："怎么样？英语卷子好做吗？"他皱皱眉头说："不好做，好累啊！"我说："那就做做我的这份中文试卷吧，换换脑子。"说完，我递给他一张事先打印好的"试卷"。他和周围一些同学开始莫名其妙地看着我，伸手拿过试卷，做了起来。在做的过程中，他逐渐地被吸引住了，埋头认真地做了下去。因为是突然袭击，所以他没有准备各种颜色的笔，就一会儿向前座的同学借用黑色的圆珠笔，一会儿向后面的同学借用红色的圆珠笔，忙得不亦乐乎……读到第十条的时候，他突然大叫了一声："啊！我做错了！"接着小声嘟囔，"我怎么被这样一个陷阱误导了？真傻！老师，我可不可以再来一次啊？"他这一叫，把周围的同学都吸引过来了，很多同学伸手向我要"试卷"，想看看究竟是怎么一回事。

这时我告诉那位做完了试卷的同学一定要保持安静，千万不要向其他同学透露。他也很配合地默默坐在一旁，专注地看着别的同学做试卷，看看有没有人重蹈覆辙。我原以为这位同学的叫声已经给后面的人提了醒，很多同学拿到试卷的时候，都是小心翼翼的，生怕再掉进什么陷阱里面去。不管怎么样，姑且看下去吧。大家低头执笔，中途不少人哈哈大笑。我想，坏了，有了预警，都发现了玄机，结果不一定准了。不料他们只是觉得试卷中"捏着鼻子大声叫你自己的名字三遍"之类的要求有趣，觉得"拍打你的桌子三下"好玩，并无其他发现。甚至好多同学直到把试卷答完，都不知道自己其实做错了。

最后，共有41位同学完成"试卷"交给了我，嘿，只有5个人做对了，做对了的比例是12.2%。说实话，我好伤心啊，因为这个比例大大低于我事先的估计。

做完之后，同学们热火朝天地讨论起来。

有人说，平时考试的时候，老师总是说不要一拿到试卷就开始做题，先要全面地审题，检查一下试卷是否完整，有没有缺页什么的，话虽然听到耳朵里了，却没有记在心里，总认为那是多此一举，每次发了试卷，我们都会争分夺秒地逐题去做，生怕落后。有的同学说，通过这个游戏，我明白了有些话是必须要听的，是必须要照着去做的，不然吃亏就在眼前。以后无论做什么事都要有足够的耐心，真正地领悟要求，就不会像完成这张试卷一样事倍功半了。还有的同学说，通过这张卷子，我终于懂得了忍耐的重要性，有的时候，你不能马上开始动手，必须忍耐……

　　我看到这里，忍不住拍案叫绝。忍耐对年轻人来说，的确是很不容易做到的，但对成就一桩事业、完成一项工作来说，又是必不可少的。也许有人要说，原来做完这张试卷，其实是不需要什么红色、黑色的圆珠笔的，毕老师你这不是虚晃一枪吗？毕老师要在这里向你道歉，那些道具用不上，写在上面就是为了混淆视听，扰乱你的心智。这不是毕老师成心不厚道，而是想要告诉你，生活本身有时就是复杂多变的。

　　许多不必要的苦难，都是由对于世界的孤陋寡闻所造成的。一个小错误也许不算什么，但很多小错误连缀在一起，一条危险的锁链就会被浇铸而成了。

7

世界真的很大。有一个人想知道天空是从哪儿开始的，他问蚂蚁，蚂蚁说："天空是从你的鞋子那么高的地方开始的。"他又去问一只山羊，天空是从哪里开始的呢？山羊回答道："天空是从草原消失的地方开始的。"最后，他遇到了一位老人，提了同样的问题，老人回答道："天空是从你的脚下开始的。"

也许你还可以从这个游戏中生发出更多的感想，那毕老师恭喜你具有见微知著、举一反三的能力。如果你撇撇嘴说一个游戏嘛，干吗煞有介事地搞那么烦琐，做完了，知道了，就万事大吉。毕老师也完全尊重你的想法，起码你以后碰到类似貌似忠厚实则绵里藏针的游戏，你就多了一双慧眼。让我悄悄地告诉你，据说有些企业在进行招聘员工考试的时候，会出这样的试卷，考验你的耐心和全局统筹能力。咱们在这里做了一番演习，有朝一日你碰到这种把戏的时候，识破它的把握就更大一些啦！

我再把另一位老师指导同学们完成这个游戏的情况抄录在这里。

…………

全班共有 61 位同学参与游戏，能正确完成这张试卷的同学约占 22%；约有 50% 的同学虽然也能按试卷的第一项要求通读全部要求，但只是粗略浏览，没有理解题意即开始作答；而28％的同学则完全没有按要求去做。

…………

这份报告和上面的报告有异曲同工之妙，可见同学们注重细节的功夫还有待加强。不过，这也不是可以立竿见影的事情，来日方长，请同学们继续努力！

咱们进入下面的游戏。

习惯的魔力——关键在于韧性

习惯这个东西还是很有力量的。这个游戏，操作起来很简单，也不需要特殊的准备，就请同学们在自己的座位上一试身手就成了。需要的道具呢，就是每个人平日所穿的衣服和脚上的运动鞋。具体的方法是这样的：

你先把身上的衣服脱下来，注意啊，你是先脱哪一只袖子的，后脱哪一只袖子的，请在纸上记录下来。然后，你再把衣服穿起来，注意啊，记下你是先穿哪一只袖子，后穿哪一只袖子的。

好了，第一个回合已经完成。同学们可能要说，这么简单啊，穿穿脱脱的，我们三岁的时候就已经能做得很熟练了。对了，你说得很对，这的确是一个很简单、很自然的动作。现在你再把运动鞋穿上，把鞋带系好。注意一下，你是怎样系鞋带的。然后，请你再把运动鞋脱下来，之后再把衣服脱下来。

如果你是在冬天做这个游戏，你可能会觉得比较冷，可千万不要感冒了。此刻，我就要把你从寒冷中解救出来了，你可以把衣服再穿起来，但有一点需要同学们高度注意：这一次，你要和上次的穿法有所不同，你上次先穿的是左边的袖子，这次就要先穿右边的袖子，如果你上次先穿的是右边的袖子，这次就要先穿左边的袖子。

你看我说得这样啰唆，其实操作起来很简单，就是反其道而行之。这个法子，相信同学们都会乐于接受和实践，因为大家就是比较乐意"逆反"的嘛！

到了穿鞋子的时候，也是照此办理，你要用一种新的办法系你的鞋带。如果你原来用的是"8"字法，这次不妨用用"蝴蝶"法。也许你要问，什么是"8"字法？什么是"蝴蝶"法？老实告诉你吧，我也不知道，反正你就用一种新的方法系好你的鞋带就是了。同学们可以反复演练几次，看看需要多少次，自己才能养成新的习惯。在以后的日子里，也不妨多留心，看在做这个简单的动作时，自己是不是又恢复了以前的习惯。

现在我们的游戏已经大功告成。你有什么感受？是不是换了新的穿衣穿鞋的方法之后，原本灵巧的你，变得笨手笨脚了？

这本是一个多么小的改变啊！但即使是这样微小的改变，也会引起我们强烈的不适应感。所以，当你决定要改变习惯的时候，会有很多阻力，但只要你下定决心，坚持下去，就会收到意想不到的结果。如果你不信，不妨就从这个小小的游戏开始，从明天早上起，就换一种方法穿衣，若干天之后，你就会养成新的习惯了。

没有一个决定不伴随着痛苦，人生没有绝对的安全。游戏虽简单，里面蕴含的意义却并不像表面上那么容易被一眼洞穿。一个好的习惯的养成，也需要时间和毅力的磨炼。而要改变不良习惯，就更需要付出艰辛的努力了。

想做事就要有韧性。我在一瓶葡萄酒的广告上看到了这样一句话：3毫米，从酒瓶外壁到酒瓶里面的距离，这就是一颗葡萄到一瓶好酒之间的距离。葡萄要完成最后3毫米的推进，并非遥不可及，只是要走10年而已。那么，从一个少年走到青年，这是怎样的一段距离？要经过怎样的锻炼和蒸煮？要有多少次反思和捶击？

习惯仿佛一根缆绳，只要我们每天给它缠上新的一股，要不了多长时间，它就会变得无比坚固。据说，一个好的习惯养成需要 21 天，也有比较悲观的说法，说需要一年。悲观也好，乐观也罢，只要坚持就会有收获。

心里有愿望和理想，日子就有了归属。要知道，归属感，可是人类最重要的需要啊！即使世界纷杂，有理想的你也能找到下一步的落脚点。再渺茫的希望也有实现的可能，只是你要一步一个脚印地和时间拼搏下去。对了，有时也许是一步两个脚印，因为你跌倒了，还要在原地急速地爬起来。

看看大自然啊，它从来不虚度时光。既不在寒冬抑郁，也不在盛夏偷懒。它按部就班地美丽和收获，沉默着等待春风。

老鼠爱大米——与时间有什么关系

　　下一个游戏叫作"老鼠爱大米"。你可能要说，这个游戏和那首风靡一时的歌曲有没有关系呢？我要说，没有关系。你做完这个游戏之后，尽可以将它改为其他的名字，或者你说不就是这个意思吗，我已经明白了，我有个更好的创意。那就太好了，我们就创造了一个新的游戏。

　　在这个新的游戏还没有诞生时，咱们就先做老鼠爱大米吧。

方法：准备一个小桶、四个鸡蛋和小半桶米。你可能要说，既然游戏叫作老鼠爱大米，那是不是还要准备老鼠啊？这在理论上当然是对的，在我们的物品清单上，已经有了大米，但没有老鼠。让每个人都准备老鼠，这是很艰巨的工作，虽然老鼠的数目在理论上比人的数目要多，但请每位同学都抓一只老鼠，这不太现实。我们就找了一个代用品，就是那四个鸡蛋。四个鸡蛋就代表四只老鼠，鸡蛋的大小以小桶刚刚能够装下四个还有一点富裕为宜。

本游戏的第一个步骤是把小半桶米装在桶里。

操作很简单，谁都可以做到。

第二个步骤是把四个鸡蛋也放在桶里。

结果怎么样呢？很显然，桶装不下了，鸡蛋就鼓出来了。

第三个步骤就是请每个同学想办法，让你的小桶里既能装进这四个鸡蛋，也能装进大米。

估计同学们经过简单的尝试，就能找到适宜的方法，就是先把四个鸡蛋放进去，然后再把大米放进小桶里面。这样，大米填充了鸡蛋之间的缝隙，大米和鸡蛋就都成功地装进了小桶，来了一个亲密接触。还记得我们是把鸡蛋当成老鼠的吧，这个游戏就完成了——老鼠爱大米。

请同学们讨论一下，把小桶比作时间，因为时间是一个常数，对人的生命来说，它的长度是有限的，就像小桶的容量是有限的一样。那些鸡蛋，就是我们要做的比较重要的事情。那些大米，就是相对不重要的事情。如果你的时间都被大米占满了，鸡蛋就放不下了。相反地，如果你先把鸡蛋的位置留出来，然后再想办法放入大米，你就可以有更多的时间做事。

也许有同学会说，这个游戏实在是太简单了，根本不需要动手做，想一想就会明白的。我觉得同学们有这个想法很正常，但我还是坚持大家都来做一做。世界上做人做事的颠扑不破的道理其实并不是太多，至多也不会超过 20 条吧。其中合理地利用时间，分清轻重缓急，把最重要的事情放在第一时间内来完成，绝对是在这 20 条人生宝典当中占一席之地的。从小就要养成良好的分配时间的习惯。注意啊，我们在上一个游戏中，刚刚探讨了习惯的魔力，所以，一个良好习惯的养成，不但需要时间的滋养，还需要意识上的重视。

道理就不多说了。当你抱怨没有时间的时候，不妨仔细地找找你的老鼠和大米都在什么地方，你是先安顿了老鼠，还是不分青红皂白地先把大米倒了进去？现实中的老鼠不可爱，但在我们的游戏中，老鼠就是你最重要的、必须要完成的事情。个人的能量是个恒数，集中起来就会大放异彩，分散开来，也许一事无成。谁都希望自己有抵抗诱惑的能力，但谁又希望生活在一个没有诱惑的世界里呢？所以，关键是你的定力。

谁也不知道做到十全十美的秘诀是什么，每个人都必须在自己的领域里摸索着维持平衡的那个点，笨拙而艰难地前进。

所以，重要的是学会接受人生的不完美。

　　说到这里，也许我们的游戏要改个名字了，不叫"老鼠爱大米"，而叫作"爱老鼠不爱大米"。也许有同学会反驳道，那大米也是有用的。那就叫作"爱老鼠也爱大米"，或者叫"先爱老鼠再爱大米"。不过，这已经不像是一个游戏的名称啦！毕老师黔驴技穷，只有请同学们发挥聪明才干继续创造了！

8 双面人
和鼓励卡

你一下子看到了两个游戏的名称。一个叫双面人，一个叫鼓励卡。也许你会说，是我们要做的第八个游戏有两个名字吗？哪个是大名？哪个是小名？

对不起，它们不是一个游戏，而是两个不同的游戏。既然是完全不同的游戏，为什么要放在一起呢？且听毕老师慢慢道来。如果你要说，反正是不同的游戏，我能不能先做后面的鼓励卡，再做前面的双面人呢？毕老师的意见还是按照顺序来做，这样比较"循序渐进"。(咱们都遵守巴甫洛夫他老人家的教诲。)

一幅心理学的名画

　　这个双面人，是心理学里很著名的一幅画。你先仔细看看，能看出谁的影子？

　　有人会看到一个老太太，鹰钩鼻子瘪嘴巴，还有一点点凶的样子。有人会看到一个妙龄少女，清秀活泼，甚至还有隐隐的笑意。那么究竟是谁对谁错？我要说，都对也都错。大家会说，这个毕老师，怎么成了一个和稀泥的和事佬？

　　这幅经典图画，的确就是由这两个人影组成的。看到这里，

也许有的同学会着急起来，说毕老师，别说是两个人影了，我连一个人影也看不到，是不是我就比别人笨啊？我横看竖看找不出来，这可如何是好。

别丧气，有这种苦恼的不是你一个人。可能因为这幅图画是外国人画的，和咱们的习惯有所不同，当我把这幅图拿给同学们看的时候，也曾听到五花八门的说法。有的说看出一匹马，有的说看出蜘蛛，还有的人干脆说看到了外星人的影子。说实话，我真佩服这些同学的想象力。

于是我把这幅双面图分解开来，把它变成两幅图，分别附在这一页的下面。你可以按照图中的虚线所示，用彩色铅笔把虚线内的区域涂出来。怎么样，这就一点也不难了吧？你可以很方便地在第一幅图上看出美丽的少女，在第二幅图上看出有点凶的老太婆。

把父母拉进来

当你顺利地完成了这些工作之后，咱们就可以进入游戏的下一步了，把这幅双面图拿给你的父母看。

有的同学可能会吓一跳，说，这个游戏怎么让爸爸妈妈也掺和进来了？他们会答应玩游戏吗？他们很严厉的，不苟言笑，才不愿和我一道做游戏呢，每天最常说的话就是："什么也别想，赶快做作业去！"

毕老师充分理解你的难处，但这个游戏就是要磨炼你和别人沟通的能力。这么说吧，这个游戏是后面那个游戏的开路先锋。为了使后面的鼓励卡马到成功，你就要学会让他人接受你的双面人。我知道很多同学和自己的父母有很好的关系，也知道有些人和自己的父母相当有隔阂。这个小小的游戏，就是一次"破冰"之旅。

请你开动脑筋想想办法。

至于具体用什么法子让你的爸爸妈妈和你一道做这个游戏，就要看你的聪明才智了。不过有一点我基本上可以打包票，他们并不像你想象的那样可怕，只要你选择的时机适宜，（千万不要在你爸爸夹着公文包就要出门上班的时候，或是你妈妈拿着一捧葱花正要往油锅里撒的时候，你拿着咱们这本书，笑眯眯地拦住他们说，请你跟我一道来做个游戏……那样的话，不但你的目的难以达成，恐怕连毕老师也要跟着背上"越忙越捣乱"的"罪名"。）还是可以收到较好的效果的。很可能他们做完之后，（不排除他们也看不出少女和老太太的图像，你就要恰到好处地帮助他们，比如给他们看看你精心描画过的少女和老太太像。）在恍然大悟时一定会说，嘿！想不到，还真有点意思啊！

不过，你千万不要到此为止，被胜利冲昏头脑。趁热打铁，你要和父母进行一次谈话。你说，这个游戏很简单，每个人看到的东西是不一样的，你们是大人，我是你们的孩子，可我们也是不同的人，看事情的角度也往往是不一样的。有的时候，也许是你们对，有的时候，也许就是我对了。更多的时候，也许大家都是对的，就像这幅著名的画一样啊！

你的父母此刻可能会有一个短暂的沉默。我不能确切地知道他们在想什么，但这是递上你的鼓励卡的好时机。你要告诉他们，请他们在你的卡上写下对你的鼓励和期望。

看到这里你可能叫起来说，这个双面人的游戏还没收工，怎么半路上又杀出来个鼓励卡？

对，这两个游戏就是穿插着做的。让我再把鼓励卡的制作流程交代一下。先找一张比较硬的白纸，自己画一张卡，制作要精美一些啊！

我所说的精美，不是要多么高级的纸张或是多么复杂的画面，只是要你自己动手，每一笔都渗透着自己的心血，这才是最重要的。

在用硬纸做成的卡片上粘上雪白的纸，用彩色的笔画上一只你最喜欢的动物。这个动物要比较能代表你的性格和爱好，或者是你的理想状态。然后，在下面写上你自己的名字。

把卡分成两部分。上半部分写上你对自己的评价，下半部分写上"鼓励"二字，再找人把白纸填满。

有人会说，这还不容易吗？说真的，以我的经验来说，这并不是太容易的事情。很多人不知道找谁来写，我给你出一个主意，找你最希望从他那里得到鼓励的人来写。比如，找你的父母，找你的老师，找你的同学。你要对他们说，我很需要你的鼓励，请你把你对我最大的期望和鼓励写下来，好吗？

我听到很多同学说，他们一想到要做这件事，就很紧张。为了克服紧张，我就把双面人的游戏放在前面了。如果说请人写下鼓励你的话，你还很有顾虑的话，那让人做个游戏的勇气你总是有的吧？如果你连这点勇气也没有，那你可就要战胜一次自我，逼着自己迈出这一步了。

该坚持就坚持，该改变就改变，一个人能够自由地表达自己，是心理健康的表现。

谁来写鼓励卡

　　关于最先找谁来写鼓励卡这个问题，我有一个馊主意，叫作柿子要拣软的捏，也就是某种程度上的"欺软怕硬"。大家可能会说，毕老师这不是教我们学坏吗？毕老师不是这个意思，是用幽默的手段表达一个策略。你可以先找一个你最熟悉的朋友，让他先给你鼓励。因为关系很融洽，你不会太过害羞、畏缩，成功的把握就更高一些。我相信你的才干和勇气，在不断的实践中，如同越挖越深的泉眼，会有更多的清澈泉水奔突而出。

有两种方法能让世界变大，那就是——登山或是闭眼。如果你选择了不闭眼，那你就要准备登山了。其实，每个人都有害怕的事，越是聪明的人害怕的就越多。因为他们具有更强的预见到危险的能力。那什么人勇敢呢？勇敢的人不是不了解害怕，而是穿过了害怕，向着目标前进。

只要你开始向人们递出你的鼓励卡，你就迈出了非常重要的一步。你播下了葵花子，就有可能看到向日葵。我相信，当你捧读着写满鼓励话语的卡片时，一定有很炽热的火焰在你的胸中燃烧。

也许有的同学还半信半疑，说真有那么温暖吗？不会没有任何人给我鼓励，热脸贴冷屁股，闹到最后，我还是只有一张白纸吧？

我要说，许许多多的同学做过这个游戏，还从来没有一个人收获的是一张白纸。让我随手拿出一些鼓励卡和大家分享，看完之后，你就会相信我的话了。

在此，也许我们要谈论一下表扬和鼓励的区别。

鼓励和表扬有很大的不同。比如你参加考试，取得了一个成绩，在班上的排名是19。如果你的父母说："你这次的成绩比上次有所提高，我们很高兴。希望你继续进步。"这是什么呢？这就是表扬。

如果你的父母说："我们看到了你在复习过程中的努力，这是很艰苦的。你尽了自己最大的力量，我们为你而骄傲。"这就是鼓励了。

表扬和鼓励最大的区别是，表扬看到的是成果，而鼓励看到的是过程中的精神。

第一张鼓励卡

卡上画的是一只海豚。

自评：我自己就像一只顽劣的海豚，渴望无拘无束的生活。

同桌：正如你画的那样，你像海豚，乐于助人。

同学：你有些像海豚吧，时怒时好的。在你周围还真是倒霉啊。希望你好的时候多过怒的时候。

邻居大哥哥：海豚是很聪明的，你比海豚聪明吗？希望你胜过海豚。

毕老师相信该同学在其他方面都会比海豚更优秀，只是在游泳这一项上，估计是无法超过海豚的。

表妹：祝你像海豚一样在海面跳跃，在海中 swim（游泳）。

爸爸：你的眼睛证明你是一只精明的海豚。保护眼睛，你见过戴眼镜的海豚吗？

海豚，嗯嗯，很像哦。希望你像海豚一样勇往直前，争做海洋中的 N0.1。

多可爱的一只海豚啊。毕老师也非常喜爱海豚，喜欢大海。海豚聪明、敏捷，我曾经看到过海豚帮人治病的纪录片，海豚的善良和善解人意给我留下了极深的印象。我猜想这位同学一定是爱好自由、活泼好动的快乐分子。要知道，真正的自由是人的内心不被烦恼和忧伤所困扰。

第二张鼓励卡

卡上画的是一只狮子。

自评：皮球都可以被我踢烂，可见我的脾气。

同学Ａ：你需要勇气，努力证明自己，证明一切。勇敢、果断、坚强。

同桌：你是疯狂了些，不过给了我许多快乐。谢谢。

同学Ｂ：不要太自恋了，骂我是没有用的。因为，我觉得我更有才。

大哥：万事如意，天天开心。要坚强哦。

邻居小妹：快乐大姐！

很有趣的一只狮子。脸上长着胡子，还龇着牙。一个女孩子（毕老师隐去了卡主人的名字，那个名字你一看就知道是女生）的自画像是张着大口的狮子，可能有很多话要说吧。我在埃及金字塔旁看到过永恒的狮身人面像，它让人沉思不已。不由得想起某位名人曾说过："我不知道我的生命还有多少时间，也许这会令人悲伤，但这正好说明我不知道我的生命中还有多少未来。"

第三张鼓励卡

卡上画的是一只小熊。

自评：阳光总在风雨后。我希望在风雨后找回自己的太阳。

同学：大自然其实是异彩纷呈的，只是我不曾发现。你有一片属于自己的天空，在等待你去飞翔。

网友：你的匹夫之勇有如我当年的不耻下问，你的勇于创新有如我当年的坚强不屈，你的自我进化有如我当年的阶段成长。相信自己，不要被小事所累，幸福的事还有很多。

同桌：太阳还是要找的，可不要像夸父追日那样哟！总之，祝你开心快乐。一路走好。

妈妈：如果你每天都把被子叠得整整齐齐，就更好了！

朋友："帮助别人的人能感到自己是被人需要的，从而踏实。得到别人帮助的人能感到自己是没有被抛弃的，从而自信地活着。一个既能帮助别人又接受过别人帮助的人，能用善良和感恩的心去看世界，会发现别人发现不了的美好，感受到别人感受不到的温暖。"——我把从《读者》上看到的这段话送给你，希望你能发现别人发现不了的美好，感受到别人感受不到的温暖。

憨厚的小熊，让人有和它交往的愿望。在你的鼓励卡上留言的同学和朋友，文采斐然啊！他们对你的祝福和期望，让人很感动。我不知道你说的风雨究竟是什么，我想你的朋友们可能也未必都很清楚，但大家都深知你的为人，相信你能在风雨之后看到彩虹和太阳。这是一定的！

我去过美国的新墨西哥州，那里峰峦起伏，是个和中国甘肃相似的地方。在山上有一位种苹果的农民，叫詹姆斯。詹姆斯每年都用邮售的方式销售他的苹果。这一年，大事不好，在苹果丰收的时候，果园突然遭受了一场冰雹的袭击，苹果个个像生了雀斑，不再光滑美丽。詹姆斯眼看就要赔尽血本，突然他想到了一个主意：为什么不能把这些苹果的缺点化作它们的特点呢？于是，他照样采摘和包装了苹果，邮寄给客户，只是在每箱苹果里夹上了一张小字条。字条上写着："这次的苹果，都长了雀斑。只有恋爱和怀孕的，才会长雀斑，所以，它们比过去更香甜！"收到苹果的客户都被逗笑了，不但没有人退货，还有人要求追加这种长雀斑的苹果呢！

第四张鼓励卡

卡上画的是一头牛。

自评：和牛一样倔强的我有时也挺平易近人的。我有牛一般的力气和体魄。尽管我是女生，但和小牛比较也不逊色吧。

同桌：不错，你的确是倔小牛。愿你学习更棒，越变越温柔。

朋友：凡事都坚持自己主见的牛脾气的确让人佩服。祝你以后越长越壮。

牛任劳任怨，默默耕耘，能吃苦不生气，有时候也很倔强，是咱们中国人的传统偶像。你的同桌希望你能越变越温柔，这就让你更加完美了。我很喜欢你为自己画的这个形象，只是想提一个小小的建议——眼睛要睁开啊。记得有句话叫作"牛眼看世界"，送给你。我年轻的时候在西藏当兵，在所有配发的军用物品当中，有一副雪盲镜时刻被我带在身上。因为白雪皑皑、万里冰封的藏北高原，使人极易患上雪盲症，到那时候，不要说持枪保卫祖国了，人会双眼红肿、泪水涟涟，连自己的手指都看不清楚。多年后，我看到一篇美国陆军的研究报告，说雪盲症不仅在于雪地的强烈反光，更在于眼睛会紧张地搜寻目标，但雪原上长时间空无一物，眼睛失去了落点，所以就失明了。人的眼睛其实总在不知疲倦地探索着世界，没有目标是最可怕的事情。

第五张鼓励卡

卡上画的是一只熊。

自评：我有熊一样的身材，更有"熊"心壮志。虽然没有大熊那样的身手，但也能让敌人闻风丧胆。

同学Ａ：你是最漂亮的熊，我的最爱。你是最温柔的同桌，我的信赖。愿你天天快乐，健康长寿。

同学Ｂ：你是一只不错的熊，心肠也很好。但是我希望你不要学习熊的身材。

从身材联系到某种动物，再从这种动物身上发掘出某种特质似乎比较常见，但这张卡是从身材联系到了雄心壮志，别具一格。从画的图上，我看到的是一只很安逸、很温和的熊，好像和雄心壮志相隔稍远。我相信这种自画像是最真实的，因为它在不经意间反映出了未经修饰的自我。可以想见这位同学的好人缘，这位同学一定很快乐、笑口常开。在安逸的外表之下，更有一颗"熊心"在潜伏着，让我们很有信心地瞩目和期待吧。要知道，你来到这个世界上，并不是一件最终的成品，你还有很多部件需要完善。注意啊，我说的是完善，而不是完美。完善是一个不断努力的过程，而完美则是我们很难做到的，不要对自己这么严苛。

第六张鼓励卡

卡上画的是一只猫。

自评：我坚信我的人生跌宕起伏，坚信在知识的荒野上，风餐露宿多于温室散步。阳光下，只要是在阳光下，就不会有阴云，旅途就是快乐的。

同学：过去的事只是一缕尘烟，纵然再震撼、再无助，又如何！把握现在，自信！

朋友：我在你面前根本"无地自容"，你是那么深沉与"可怕"，其实我认为你是一个非常平易近人的人。也许我太自卑了。不说了，祝愿你天天快乐，学习更上一层楼。

好友：笑起来像猫，学习起来令人敬佩，希望高潮不会令你过分紧张，低潮不会令你颓废，就好了。

我真的很钦佩同学们绘画的本领，几笔勾勒出来的形象就栩栩如生。我不认识这张鼓励卡的主人，但从评价中已经能想到她的聪慧和灵性。那高昂的尾巴代表什么呢？可能只有她自己知道。感觉美好自然是至关重要的，但感觉只是汽油，而你是驾驶员。汽油燃烧的时候，我们是可以领略至高的速度和美不胜收的风景，但要往哪里开，控制在怎样的速度，可是驾驶员的责任。

第七张鼓励卡

卡上画的是一条鳄鱼。

自评：我的脾气有点暴，生气的时候真像鳄鱼一样恐怖，不分青红皂白地乱咬人。当然，我也是比较活泼的，属于热情的那一类。说得好听些是肢体语言丰富，难听一点就是像有多动症。而且我特多变，心情时好时坏，有时乐得疯笑，有时冷得像块冰。嗯……就这样啦。

同学：原来你是鳄鱼啊！嘿嘿，平时感受到你的热情，不像鳄鱼之风啊！愿你能自信，相信明天、相信自己，也希望你保持快乐，开心地成长！

好友：哈哈！可爱的小鱼！祝你天天开心！学习好的你，把功课再学好一点！

哥们：嘻嘻——果然是鳄鱼。希望你把"鳄鱼"好学的精神发扬光大！"鳄鱼"语言（肢体语言）继续保留！鳄鱼家族的传统传到国外！再者，别乱"吃人"哦！

朋友：祝天天开心！越来越可爱！肢体语言越来越丰富！加油吧，相信自己，你最棒！

他真的是脾气很坏的"鳄鱼"吗？我会投反对票。就算是鳄鱼，也是个微笑的鳄鱼（鳄鱼的眼泪是贬义的，鳄鱼的微笑是褒义的）。学习不错，人际关系很好。性格开朗活泼。人肯定是有脾气的，性格暴烈也是相对而言的。更何况在他朋友们的反馈中并未发现大家对他脾气的不赞同。好几位留言者提到了肢体语言，很有趣啊！我实在想不出鳄鱼的肢体语言是怎样的，张牙舞爪吗？不要因为大家喜欢你怎样你就变成怎样，而要你的本样受到大家的喜爱。

第八张鼓励卡

卡上画的是一只熊。

自评：我是一只很瘦的熊。虽然说我没有熊那么粗暴，但如果有谁把我惹生气了，那么后果不堪设想。如果有人对我很好的话，那么我也会对他很好。

同桌：因丑而美，快乐吧，老兄！

朋友：虽其貌不扬，但头型很有个性。脾气和绘画技术待磨炼。

同学A：有个问题，熊瘦了能不被欺负吗？愿你以后多多锻炼，成为一只棒棒熊。

同学B：其实你有很多优点，只是没有表现出来。祝你早日找到心中的太阳。

同学C：希望你能改正你粗暴的毛病，成为我们班最棒的熊。

这个熊的粗暴是怎么回事呢？是不是在现实生活中爱发火？从这张自画像上看，你好像有些心里话憋在肚子里。这只熊好像也不瘦啊，也许是因为肚子里有话没说出来，所以显得圆鼓鼓的。是快乐吗？快乐是可以储存起来的，到了不开心的时候，就像松鼠拿出松果般，慢慢享用。不会是烦躁吧？如果你带着烦躁之心走下去，等待你的就是残酷与苦难之事了。更不会是软弱吧？如果不停地给软弱施肥，软弱就生长起来了。

8

第九张鼓励卡

卡上画的是一只老鹰。

自评：我像一只刚烈的老鹰，渴望飞向宇宙高空，不断地去探寻新世界。想要拥抱太阳，想要拥抱美好的未来。站在悬崖顶端，等待黎明的来临。再次舒展自己有力的翅膀，去继续自己的路。

同学A：你是我见过的又小巧又能干的人，我非常佩服你。加油吧！你可要小心啊，我已经下决心一定要超过你了。

同学B：嘿嘿！我还不知道那么一个娇小的女孩竟有那么伟大的抱负。希望你在以后的生活中多多锻炼，把自己锻炼成"女中豪杰"——"居二"（就是居里夫人二代）。

同桌：志向高远，个性十足。祝你成功。

大哥：你的可爱单纯很难得哦……嗯……maths（数学）不错，蛮有潜力的。祝你小小人爆发大能量！！！

主人公很有信心啊，毕老师也很喜欢鹰。十几岁当兵在西藏，我常常坐在雪山上看鹰，设想那高高翱翔在喜马拉雅山之巅的鹰，看到了什么？想到了什么？今天在这只小鹰身上，我看到了她飞翔的决心。祝她能够成为"二居"。对不起，错了，不是"二居"，是"居二"，居里夫人二代。

第十张鼓励卡

卡上画的是一只熊猫。

自评：诚实、老实、善良，喜欢交朋友。学习上虽然认真，但缺少刻苦精神，不善于深入研究。生活上平易近人，与同学、老师、家人的关系都很好。

文学社的朋友：祝你越来越开心，当个好社长，多交些知心的朋友，遇到难处要多谦让，别人才能对你好。

同学A：在这儿提个小建议吧。说话时想着周围的人全是一个一个的大南瓜，眼睛不要老是一眨一眨的。加油吧！

同学B：小洲啊！其实我认为你是个又善良又非常有幽默感的人。加油！努力向自己的目标前进。

卡片的主人公是社团的领导，毕老师肃然起敬。自我评价有点像老师给出的评语。相比之下，同学们给的鼓励很有特点，也可以看出这位同学和大家的关系很好，因此才有人会说出不要老眨眼睛这样很体己的话，大家都很关心你啊！你是一只熊猫，国宝，而且有竹子吃。祝你快乐！

第十一张鼓励卡

卡上画的是一只猴子。

自评：我是一个活泼、开朗、热情、纯真、好奇心强、喜欢帮助别人的小女孩。我喜欢把生活中的每一件事都做到最好，但，自从我进入这所非常 good（好）的 school（学校）后，我就整天只能用一副假面来面对众多的同学与老师了。我是痛苦的。虽说我整天都在笑，但我的心是郁闷的，是不开心的，是难过的……（注：我是一个中途转入的学生。）

好友：在新的环境中快快适应，开开心心地度过每一天。我会永远支持你，帮助你。Good luck（好运）！

同桌：我们都很喜欢你，希望你尽快适应这里的学习和生活。大家都会帮助你的。千万别气馁。加油！

男生：无论阳光雨露、阴晴雨雪，都要笑对人生。

男生：别活得这么累，一天更比一天好！

乍看之下，这是一个多么快乐的小猴子啊，可细细读了主人公的自白，毕老师的心情就沉重了起来。原来，这只是一张快乐的假面，在面具之后，是进入一个新环境之后的孤独和忧愁。恭喜她大胆地在鼓励卡的上半部分真实地写出了自己的郁闷和痛苦，这一次，她撕下了自己的假面。这是很需要勇气和对同学们的极大信任的。还好，同学们给予了她亲切的理解和友善的鼓励。通过反馈，可以看出大家首先是宽容的，都可以理解她作为一个转学生的不适应。其次大家是善意的，都很包容她的不安，祝福着她，期待着她。多好啊，我喜欢这种春风化雨的滋润。猛地想起了拜伦的诗："我见过你哭，美眼湛蓝，滴出晶莹的珠泪，那时候，我心想，这岂不就是一朵紫罗兰上垂着露……"我猜小猴子是哭过的，希望你能在眼泪中寻找意义，恢复元气，而并不是仅仅关注哭泣本身。换句话说，你要哭得有价值，哭过之后，有能力自己擦干眼泪，总结哭泣带来的收获，然后成长。希望今后我们的小猴子在这个温暖的集体里，不再戴着面具，能够自在地欢笑。

第十二张鼓励卡

卡上画的是一头驴。

自评：驴有时候勤勤恳恳，有时候脾气又倔得不行。我也是一样的。有时候很好说话，有时候却倔得像一头驴。

好友：愿你和驴一样有坚强的毅力，虽然现在暂时没有驴那么壮，但是将来出人头地不要忘了我哦！！祝你开心到永远。

这位同学只找了一位同伴来填写他的鼓励卡，人数有点少，但话语还是很诙谐暖人的。古语说人生得一知己足矣，看来你已经达到了目标。今后的任务就是超额完成目标，让你的人生再多几个知己吧。

第十三张鼓励卡

卡上画的是一只羊。

自评：走自己的路，让别人说去吧！这是我的个性，我只知道，我要快乐。

同学A：你应该是恐龙吧。但愿你开心，将钢牙露出来！也就是开心地笑嘛！

同学B：羊儿，温顺而不屈服，牧羊人最忠实的伙伴、好朋友。

同学C：伸展双臂是鹰。展开你的翅膀，不要做一头肥羊……

同桌：你的学习不错，可就是凶了点。要是能改进这一点应该就蛮好了。

好友A：你是羊?！只是因为不屈服吧。但也正因为你的不屈服，要向希望前进哦。不要放弃心里的想法，努力向前冲吧。

好友B：希望你能像你画中温驯的羊，不能太霸道。浪子回头金不换。

第一个感觉是这只羊的羊毛好多啊，自己一定很暖和啦！羊毛剪下来织成毛衣，也就可以让更多的人暖和啦！在我们通常的印象中，羊，似乎怎么也不能和坚毅不屈联系在一起。也许这就构成了那个想法："走自己的路，让别人说去吧。"最后的结论是要快乐。这是一只美丽的羊，最重要的不是羊的外形，而是羊脸上的微笑。

第十四张鼓励卡

卡上画的是一只狼。

自评：我拥有像狼一样的野心，想得到很多东西，不知足。

男生：开开心心的，永远快乐，你就会得到你想要的东西了。

好友：祝你像一只迷人的白狼，有狼的野心，有狼的高贵，更有狼的聪明。愿你美梦成真！永远支持你！

酷酷仔：累了不要见外，把我挖起来，吐个痛快。

这是一只有理想的狼。

第十五张鼓励卡

卡上画的是一只羊。

自评：我是一个活泼的男孩，但是不知道为什么，有时我感觉同学们对我不理不睬。那时我的心真是很痛，希望有更多的人来了解我。

同学：看你像一团棉花，时好时坏，才不理你。我想你还是从自身找原因吧。祝你事事开心。

同桌：可爱的小家伙，发挥你自己的潜能。大家都喜欢你。

男生：了解你的人其实很多，只是你没有注意，没察觉。相信自己，也相信周围的人，给自己一份自信，勇敢向前吧！熊猫，加油，小胖子！！！

某女生：1+1=？这是一个难以回答的问题。你的思想太肤浅。多思考，多探索，多发现。只有通过远处那座高山，才能到达你的世外桃源。

邻居：你有太多方面令人羡慕。所以祝你学习好不太实际，还是祝你天天快乐吧。

同学：你是一个学习成绩很好，而又非常幽默的人。我非常佩服你的沉着与冷静。每当你失落时，我在你脸上看到的总是笑容。你是一个十足的乐天派，你的活泼是对我们友谊的肯定。

我刚看到这位同学的鼓励卡的上半部分的时候，心里真有点担心，他感觉同学们"对我不理不睬。那时我的心真是很痛，希望有更多的人来了解我"，我就替他发愁，不知他拿着自己的鼓励卡，有没有勇气让别人写点什么。继续看下去，我又开心起来。他的卡上留言最多，同学们、朋友们也都发表了很好的意见，特别是"你是一个学习成绩很好，而又非常幽默的人。我非常佩服你的沉着与冷静"这样的话，相信我们的主人公读到这儿时，心中一定百感交集。祝贺你，已经勇敢地突破了自己旧有的模式，与人建立起了很好的互动。

同学们，咱们已经看了十五张鼓励卡了，你们是不是觉得很有意思、很受启发？在我面前还有很多张鼓励卡，张张精彩，妙语连珠，我真想能有更多的篇幅，让我把这些美丽的图画和风趣的语言都呈现在大家面前，但我知道不能无限制地展示下去。

如果说这些卡片还略有不足的话，就是很少有父母参与其中，也许这和同学们的准备不够充足有关。也许，当你真正和父母交流之后，你才会无比惊讶地发现，你努力寻找的能够理解你的人，正是你的父母，他们近在咫尺。同时也希望我们的父母能够懂得：你是风，对了，你仅仅是风。你的孩子在航船上，他掌握着舵，虽然他不是一位老练的船长，但他将自己决定航程的方向和速度。你可以把自己的目标和建议说给他听，但你不能代替他。你可以像风一样施展你的力量，但你不能亲自驾驶属于他的小船。那样的话，你连风的影响力也丧失了。

让我们祝愿小船乘风破浪，一往无前！

现在回到游戏中。这些卡片并不是标准答案，你可以有更大的发挥空间，可以邀请更多的人来加入鼓励你的大军。

亲爱的朋友们，我们已经共同做过了很多游戏，到了这里，我们要说再见了。在我心中，涌动着恋恋不舍之情，我们一道走过了心灵的山山水水，谢谢你们给予我的信任，谢谢你们在其中付出的努力和心血。

任何一个游戏，都无法囊括心灵的奥秘，在我们的心灵面前，所有的语言和技术都黯然失色。但我们还要努力探索自己的心灵，因为这是我们毕生的责任。

亲爱的朋友，如果你感觉到有一点点收获，那么毕老师由衷地祝贺你，祝你在新的平台上继续进步，更上一层楼！如果你觉得这些游戏不够好，那就是毕老师的责任了，我要请你原谅。如果你有了更好的主意，请一定告诉毕老师。因为她爱你，因为她希望有更多的年轻的朋友呵护自己的心灵，让自己更健康、更快乐！

告别的话

　　人们都固执地认为孩子们是美好而单纯的，其实，并不总是这样，是吧，亲爱的同学们？一条鱼，对它一生相依为命的水，又能了解多少呢？孩子对痛苦的体验要比成人丰富得多，强烈得多，沉重得多。我格外珍视我们共同走过的这一段心路。

　　所有的游戏咱们都做完了，分手就在眼前，我无法一一同你们挥手告别，只得在这里用文字代表我的心情，向你们祝福。

随着科技的发展，人们更注重对爱心的教育。当没有爱心的人掌握了科技，人类就会面临灾难。在高科技的背景之下，人们逐渐把精神的完整推到了最重要的地位。

现在有一个新理念：在军事、经济、科技这些硬力量之外，还有一种软力量。那就是政治、思想和媒体的传播力量，那就是交流的力量。

亲爱的同学们，我依稀看到一种东西如细沙般流过指缝，那就是你们的时光。人生像一道闪电，瞬间闪过，猝不及防。你看到过闪电被修改吗？闪电是无法修改的。希望你们保持持续性发展的势头，为将来储备下更多的资源。千万不要耗尽对学习的热爱和兴趣。

感谢所有为这本书的出版付出艰辛劳动的人，感谢那些组织同学们做过这些游戏的老师，感谢参与这些游戏并把他们的精彩作品寄给我的同学们。我已经将作品做了若干改变，希望书中的例子不要被误认为是现实中的某个真实的人和事。如果万一有相似之处，那就是巧合了，请大家谅解。其实这其中涉及的故事和人，究竟是谁并不重要，重要的是你从中能得到多少和自己有关的感触。

第一次写和少年有关的心理读物，心中忐忑不安。不过有一点我很清楚——我已尽力而为。

窗外是北京的美丽春色。为了写这本书，我已经很久没有注意过窗外的景色了，直到此刻，才蓦然发觉杨树的叶子已经手掌般大了。

那是一些绿色的旗帜，有风刮过的时候，就上下翻飞，把银白色的另一面扭转过来，发出哗啦啦的声响。望着满树青翠的叶子，我把它们想象成少年们的双手，在欢快地舞动着。

我希望在很多年之后，有一天，我会碰到一个英姿勃发的青年或沉稳干练的中年人，他或是她，走过来对我说，很久以前，我读过一本写给少年们的小书，那其中的某个游戏我到现在还依稀记得……

我会老泪纵横。

握紧你的右手

常能看见女孩郑重地平伸着自己的双手，仿佛托举着一条透明的哈达。看手相的人便说：男左女右。女孩把左手背在身后，把右手手掌对准湛蓝的天。

我常常想：世上可真有命运这种东西？它是物质还是精神？难道说我们的一生都早早地被一种符咒规定，谁都无力更改？我们的手难道真是激光唱盘，所有的祸福都像音符般微缩其中？

当我沮丧的时候，当我彷徨的时候，当我孤独、寂寞、悲凉的时候，我曾格外相信命运，相信命运的不公平。

当我快乐的时候，当我幸福的时候，我成功、优越、欣喜的时候，我格外地相信自己，相信只有耕耘才有收成。

渐渐地，我终于发现命运是我怯懦时的盾牌，当我大声叫嚷命运不公的时候，正是我预备逃遁的时候。命运像一只筐，我把对自己的姑息、原谅以及所有的延宕都一股脑地塞进去，然后蒙一块宿命的轻纱。我背着它慢慢地向前走，心中有一份心安理得的坦然。

有时候我也因自己的手而诧异。手心叶脉般的纹路还是那样琐细，但这只手做过的事情，却已有了几番变迁。

在喜马拉雅山、冈底斯山、喀喇昆仑山三山交会的高原上，我当过卫生员；在机器轰鸣、铜水飞溅的重工业厂区里，我做过主治医师。今天，当我用我的笔杆写我对这个世界的想法时，我觉得自己是在用手把我的心制成薄薄的切片，置于真和善的天平之上……

高原呼啸的风雪，卷走了我一生中最好的年华，似浓重的阴影，倾泻于行程中的每一处驿站。

岁月送给我苦难，也随赠我清醒与冷静。如今我对命运的看法，恰恰与少年时相反。

当我快乐、当我幸福、当我成功、当我优越、当我欣喜的时候，在一切美好辉煌的时刻，我要提醒自己——这是命运的光环笼罩了我。在这个环里，居住着机遇，居住着偶然性，居住着所有帮助过我的人。

而当我遇到挫折、感到悲哀的时候，我便镇静地走出那个怨天尤人的我，像孙悟空用分身术一样，跳起来，站在云端，注视那个不幸的人。于是我清楚地看到了她的软弱、她的懦怯、她的虚荣以及她的愚昧……

年近不惑，我对命运已心平气和。

小时候是个女孩，大起来成为女人，总觉得做个女人要比男人难，大约以后成了老婆婆，也要比老爷爷累。

就像没有无缘无故的爱一样，生活中也没有无缘无故的幸运。对女人来说，无端的幸运往往更像一场阴谋、一个陷阱的开始。我不相信命运，我只相信我的手。

因为它不属于任何冥冥之中的未知力量，而只属于我的心。我可以支配它，去干我想干的任何一件事情。我不相信根据手掌的纹路可以预知命运，但我相信手掌加上手指的力量。

蓝天下的女孩，在你纤细的右手里，有一粒金苹果的种子。所有的人都看不见它，唯有你清楚地知道它会将你的手心炙得发疼。

那是你的梦想，你的期望！

女孩，握紧你的右手，千万别让它飞走！相信自己的手，相信梦想会在你的手里，长成一棵会唱歌的金苹果树。

图书在版编目（CIP）数据

你可知自己是谁 / 毕淑敏著 . -- 长沙：湖南文艺出版社，2021.6

ISBN 978-7-5726-0163-7

Ⅰ.①你… Ⅱ.①毕… Ⅲ.①心理测验—青少年读物 Ⅳ.① B841.7-49

中国版本图书馆 CIP 数据核字（2021）第 081418 号

上架建议：畅销·心理学

NI KE ZHI ZIJI SHI SHUI
你可知自己是谁

作　　者：毕淑敏
出 版 人：曾赛丰
责任编辑：吕苗莉
监　　制：董晓磊
策划编辑：张婉希
特约编辑：潘　萌
营销编辑：王咏坤
版式设计：李　洁
封面设计：尚燕平
内文排版：百朗文化
出　　版：湖南文艺出版社
　　　　　（长沙市雨花区东二环一段 508 号　邮编：410014）
网　　址：www.hnwy.net
印　　刷：河北鹏润印刷有限公司
经　　销：新华书店
开　　本：875mm × 1230mm　1/32
字　　数：141 千字
印　　张：8
版　　次：2021 年 6 月第 1 版
印　　次：2021 年 6 月第 1 次印刷
书　　号：ISBN 978-7-5726-0163-7
定　　价：59.80 元

若有质量问题，请致电质量监督电话：010-59096394
团购电话：010-59320018